ÉCRIRE UNE HISTOIRE :
ABÉCÉDAIRE DES THÉORIES FONDAMENTALES

Ouvrage Collectif

INTRODUCTION

Bienvenue dans l'univers fascinant de la narration, où chaque mot, chaque geste et chaque silence tisse le riche tissu des histoires qui ont charmé, ému et captivé l'humanité depuis plus de deux millénaires. Vous tenez entre vos mains le "ÉCRIRE UNE HISTOIRE : ABÉCÉDAIRE DES THÉORIES FONDAMENTALES - Introduction aux Théories Narratives", votre passeport pour un voyage à travers l'art et la science de construire des récits captivants.

Les histoires ont traversé les âges, évoluant avec les sociétés, se moulant aux médias disponibles, et trouvant des résonances dans chaque nouvelle génération. Elles ont été nos compagnes dans la découverte de mondes lointains et d'époques révolues, nous permettant de plonger dans les abysses de l'expérience humaine, explorant des sommets d'émotion et des abîmes de complexité.

La dramaturgie, l'art et la technique de concevoir des drames ou des récits, est un domaine richement diversifié, proposant des méthodologies variées et des perspectives souvent contradictoires. C'est une science autant qu'un art, car elle explore non seulement le 'quoi' et le 'comment' des histoires, mais aussi le 'pourquoi' — creusant dans les méandres de la psychologie humaine pour comprendre pourquoi certaines histoires résonnent à travers les époques et les cultures.

"ÉCRIRE UNE HISTOIRE : ABÉCÉDAIRE DES THÉORIES FONDAMENTALES" vise à vous guider à travers ces complexités, offrant une introduction accessible aux théories narratives qui ont formé la base des plus grandes œuvres de la littérature, du théâtre, du cinéma et au-delà. Qu'il s'agisse des arcs tragiques des héros shakespeariens, des révolutions narratives du cinéma moderne, ou des expérimentations dans les nouvelles plateformes numériques, les principes fondamentaux de la dramaturgie restent constamment pertinents.

En parcourant les pages de ce livre, vous découvrirez non seulement les mécanismes qui sous-tendent les récits puissants mais aussi comment les maîtres de la narration — d'Aristote à Hitchcock, de Tchekhov à Atwood — ont utilisé, défié et remodelé ces théories pour créer des œuvres qui continuent d'éblouir et d'interroger leur public.

Loin d'être simplement un guide théorique, ce livre aspire à être votre compagnon dans une quête créative, semant des graines d'inspiration qui pourraient fleurir dans vos propres histoires.

À travers des études de cas, des analyses et des exercices pratiques, nous explorerons ensemble comment les théories anciennes et modernes de la dramaturgie peuvent éclairer et revitaliser votre propre écriture.

Que vous soyez un écrivain en herbe, un vétéran de la plume, un passionné de cinéma, ou simplement quelqu'un qui cherche à approfondir sa compréhension des histoires qui nous font rire, pleurer et réfléchir, "ÉCRIRE UNE HISTOIRE : ABÉCÉDAIRE DES THÉORIES FONDAMENTALES" vous ouvre ses pages avec l'espoir de vous offrir des clés pour déverrouiller les secrets des récits qui endurent et captivent.

Préparez-vous à un voyage à travers les âges, explorant comment l'art de raconter des histoires a évolué et comment, armés de ces connaissances, nous pouvons tous devenir des conteurs plus habiles, créant des récits qui, à leur tour, trouveront une place dans l'imaginaire collectif des générations à venir.

Embarquons ensemble dans cette aventure épique à travers l'art et la science de la dramaturgie, et découvrons comment les récits ont le pouvoir non seulement de refléter notre monde mais aussi, potentiellement, de le façonner.

Table des Matières

1. **Introduction**
   - Définitions de base de la dramaturgie et de la conception d'histoires
   - Importance et impact de la dramaturgie bien faite
2. **Concepts Aristotéliciens**
   - Tragédie, comédie et drame
   - L'unité d'action, de temps et de lieu
   - L'importance de la catharsis
3. **Éléments de l'Histoire selon Robert McKee**
   - Substance, structure et style
   - Création de personnages tridimensionnels
   - Le carré thématique
4. **Les Fondations de l'Écriture de Scénario selon Syd Field**
   - Les trois actes et points de retournement
   - La création de personnages et de dialogues réalistes
   - Les méthodes de réécriture
5. **Le Voyage du Héros selon Christopher Vogler**
   - Les 12 étapes du voyage du héros
   - Archétypes de personnages
   - Thèmes universels

6. **L'Arc de Transformation selon Dara Marks**
   - Définition et importance de l'Arc de Transformation
   - Les étapes de l'Arc de Transformation
7. **Les Outils de l'Écriture Télévisuelle selon Ellen Sandler**
   - Création de la Bible de la Série
   - Création de personnages convaincants
   - Pitcher efficacement une série
8. **Techniques du Scénariste Vendeur selon Dwight V. Swain**
   - Scènes et suites
   - Motivation-réaction
9. **Anatomie d'une Histoire selon John Truby**
   - Les 22 étapes du récit
   - La création de personnages complexes
10. **Les 20 Master Plots de Ronald B. Tobias**

- Analyse des types de récits principaux

11. **Un Voyage en Cinq Actes selon John Yorke**

- La structure en cinq actes
- Le changement et la transformation

13. Conclusion

- Résumé des principaux concepts
- Comment utiliser ces outils dans votre propre écriture

Annexes

- Bibliographie

DANS LA "POETIQUE", ARISTOTE, le philosophe grec de l'antiquité, énonce certains principes fondamentaux de l'art dramatique qui sont encore largement utilisés et respectés aujourd'hui. Voici quelques-uns des conseils et des outils essentiels qu'il a proposés :

1. **Unité d'action** : Selon Aristote, une tragédie doit avoir une structure claire et une seule intrigue principale. Les actions doivent être logiquement connectées et doivent toutes contribuer à l'intrigue principale. Les sous-intrigues et les détails superflus doivent être évités.

2. **Unité de temps et de lieu** : Aristote préconise également des unités de temps et de lieu. Bien que ces deux principes aient été plus largement interprétés et modifiés dans la dramaturgie moderne, l'idée fondamentale est que l'histoire doit se dérouler dans un cadre spatial et temporel limité pour maintenir la cohérence et l'intensité de l'action dramatique.

3. **Catharsis** : Un des concepts les plus célèbres d'Aristote est la catharsis, ou la purification émotionnelle. Il soutient que la tragédie doit provoquer la pitié et la peur chez le spectateur, ce qui conduit à une sorte de purification émotionnelle ou de libération.

4. **Caractérisation** : Aristote souligne l'importance de la caractérisation dans le drame. Les personnages doivent

être crédibles et cohérents, et leurs actions doivent découler de leur nature et non de la nécessité de l'intrigue.

5. **Structure** : Aristote propose une structure en trois actes pour la tragédie, comprenant le début (l'exposition), le milieu (la confrontation) et la fin (la résolution). C'est une structure que l'on retrouve encore largement dans la dramaturgie moderne.

6. **Importance du spectacle** : Pour Aristote, le spectacle (la mise en scène, la musique, le costume, etc.) est un élément important du drame, mais il doit toujours servir l'intrigue et ne pas la distraire.

Ces principes ont été interprétés et adaptés de diverses façons au fil des siècles, et certains dramaturges et théoriciens ont défié ou modifié ces "règles". Cependant, les principes fondamentaux d'Aristote sur la structure, la caractérisation et l'émotion demeurent une base solide pour l'écriture dramatique.

"SAVE THE CAT! THE LAST BOOK ON SCREENWRITING YOU'LL EVER NEED" DE BLAKE SNYDER est un livre populaire et très respecté sur l'écriture de scénarios pour le cinéma. Il fournit une multitude de conseils et d'outils essentiels pour les scénaristes. Voici quelques-uns des plus notables :

1. **La structure en 15 points de Snyder :** Snyder propose une structure d'intrigue en 15 points qu'il suggère de suivre pour créer un scénario engageant. Ces points incluent l'image d'ouverture, le thème annoncé, la mise en place, le catalyseur, le débat, l'acte deux, le B Story, le Fun & Games, le milieu, les méchants se ferment, le tout est perdu, l'obscurité avant l'aube, l'acte trois, la finale, et l'image finale.

2. **Le Concept de "Save the Cat" :** Le titre du livre vient du conseil de Snyder selon lequel le héros devrait faire quelque chose de sympathique, comme sauver un chat, au début du film pour gagner l'empathie du public.

3. **Les 10 genres de Snyder :** Snyder définit dix "genres" de films qui ont des structures et des conventions distinctes. Il conseille de choisir un de ces genres pour votre scénario et de suivre ses conventions respectives.

4. **La Feuille de Beat (Beat Sheet) :** La feuille de beat est un outil que Snyder recommande pour planifier votre

scénario. Il s'agit d'une liste de tous les "beats" (ou événements clés) qui se produiront dans votre scénario, disposés dans l'ordre dans lequel ils se produiront.

5. **La Règle de la page 5 et de la page 75** : Selon Snyder, le thème de votre film devrait être établi à la page 5 et le point culminant de l'acte deux (le "tout est perdu") devrait arriver à la page 75.

6. **La Pitchabilité** : Snyder met l'accent sur l'importance d'un bon pitch. Selon lui, si vous ne pouvez pas résumer votre histoire en une seule phrase attrayante, il est probable que votre concept ait besoin d'être affiné.

Le livre de Snyder est plein de conseils pratiques et d'outils utiles pour l'écriture de scénarios. Bien que certains scénaristes aient critiqué son approche pour être trop formuleuse, de nombreux autres ont trouvé son conseil inestimable pour structurer leurs histoires et rendre leur écriture plus commerciale.

LA STRUCTURE EN 15 POINTS DE BLAKE SNYDER, telle qu'elle est décrite dans "Save The Cat!", est un guide pour structurer un scénario de manière efficace. Voici une description de chacun de ces 15 "beats" ou points clés :

1. **Opening Image (Image d'ouverture)** : Une image ou une scène visuelle qui pose le ton, l'ambiance et le type du film.
2. **Theme Stated (Thème annoncé)** : Le thème ou la leçon principale de l'histoire est introduit, souvent de manière subtile.
3. **Set-Up (Mise en place)** : Les personnages, le monde et le ton de l'histoire sont présentés. Le héros vit dans un monde imparfait.
4. **Catalyst (Catalyseur)** : Un événement externe qui perturbe la vie du héros et commence l'histoire.
5. **Debate (Débat)** : Le héros se demande s'il doit agir face au catalyseur. C'est une période d'hésitation ou de questionnement.
6. **Break Into Two (Passage à l'acte deux)** : Le héros fait un choix et l'histoire progresse vers une nouvelle direction, laissant derrière elle l'ancien monde.
7. **B Story (Histoire B)** : Introduction d'une histoire secondaire qui complète généralement ou contraste avec l'histoire principale.

8. **Fun and Games (Amusement et jeux)** : C'est la promesse du concept du film, où le public profite des prémisses de l'histoire.

9. **Midpoint (Milieu)** : Un événement majeur qui change le sens de l'histoire et met généralement le héros au sommet (faux sommet) ou au plus bas (faux échec).

10. **Bad Guys Close In (Les méchants se rapprochent)** : Les forces antagonistes se pressent contre le héros, qui commence à s'effondrer sous la pression.

11. **All Is Lost (Tout est perdu)** : Le point le plus bas pour le héros, où tout semble perdu. C'est souvent là que la "mort" d'un personnage majeur se produit.

12. **Dark Night of the Soul (L'obscurité avant l'aube)** : Le héros fait face à la réalité de sa situation, réfléchissant à ce qui s'est passé et à ce qu'il doit faire ensuite.

13. **Break Into Three (Passage à l'acte trois)** : Grâce à l'inspiration de l'histoire B, le héros trouve une nouvelle force et une nouvelle idée pour résoudre ses problèmes.

14. **Finale (Finale)** : Le héros affronte l'antagoniste ou le problème principal et, à travers cette confrontation, démontre qu'il a appris la leçon du thème annoncé.

15. **Final Image (Image finale)** : L'image finale est le miroir opposé de l'image d'ouverture, illustrant comment le monde du héros et le héros lui-même ont changé.

Ces 15 points servent de colonne vertébrale à un scénario, guidant l'arc de l'histoire à travers une progression logique et émotionnelle.

DANS "SAVE THE CAT!", BLAKE SNYDER IDENTIFIE DIX "GENRES" DE SCENARIOS. Chaque genre a des caractéristiques distinctes et des structures prédéterminées. Selon Snyder, ces genres ne sont pas basés sur le cadre ou le sujet, mais plutôt sur la structure de l'histoire. Voici les dix genres qu'il définit :

1. **Monster in the House (Monstre dans la Maison)** : Ces histoires impliquent un monstre, une maison, et un péché. Le "monstre" peut être un véritable monstre, un tueur, un virus, etc. La "maison" est le lieu limité où le monstre est présent. Le "péché" est généralement commis par les personnages principaux, ce qui déclenche l'apparition du monstre.

2. **Golden Fleece (Toison d'or)** : Il s'agit des histoires de quête ou de voyage, avec un héros, un but et un chemin. Les films de type "road trip" et les films de heist entrent dans cette catégorie.

3. **Out of the Bottle (Hors de la Bouteille)** : Ces histoires impliquent un souhait et un sortilège, où un personnage fait un vœu qui est exaucé, mais qui se retourne contre lui. Ces scénarios traitent souvent de leçons de morale.

4. **Dude with a Problem (Mec avec un Problème)** : Un homme ordinaire se retrouve dans une situation

extraordinaire. Il s'agit d'histoires de survie, d'histoires à suspense et de thrillers.

5. **Rites of Passage (Rites de Passage)** : Ce genre d'histoires implique une phase de la vie, un problème et une solution. Les films sur l'adolescence, les crises de la quarantaine et les films sur la maturité entrent dans cette catégorie.

6. **Buddy Love (Amour Complice)** : Ces scénarios comportent un couple incomplet, une complication et une adhésion. Cela inclut les films romantiques traditionnels, mais aussi les films d'amitié et les films où le "couple" peut être un homme et son animal de compagnie, par exemple.

7. **Whydunit (Pourquoi cela a-t-il été fait ?)** : Un genre de mystère qui implique une curiosité, un secret et une découverte. Ce genre inclut les films noirs classiques et les films à suspense.

8. **The Fool Triumphant (Le Fou Triomphant)** : Ce genre implique un fou, un établissement, et un défi. Il s'agit de comédies où un personnage comique ou négligé finit par triompher sur un système établi.

9. **Institutionalized (Institutionnalisé)** : Un groupe, un choix et un sacrifice. Ces films explorent les dynamiques de groupe, souvent dans le contexte d'une institution comme une école, une entreprise, une armée, etc.

10. **Superhero (Superhéros)** : Un héros spécial, un ennemi némesis et un problème à résoudre. Ces films ne sont pas nécessairement des films de superhéros au sens traditionnel, mais peuvent impliquer tout personnage qui a des capacités spéciales ou qui est "spécial" d'une manière ou d'une autre.

Snyder suggère que chaque film peut être classé dans l'un de ces dix genres, et que comprendre à quel genre appartient votre film peut aider à structurer et à formater votre scénario.

DANS SON LIVRE, SNYDER PROPOSE UNE METHODE POUR RENDRE UN FILM PLUS "PITCHABLE", c'est-à-dire plus facile à présenter succinctement à des producteurs, des agents ou d'autres parties prenantes. Voici quelques points clés :

1. **Logline (accroche)** : Selon Snyder, toute bonne idée de film peut être résumée dans une logline, une phrase qui décrit le concept du film. Une bonne logline doit donner une idée du protagoniste, de l'antagoniste, du but du protagoniste et du conflit du film. Elle doit être intrigante, précise et donner une bonne idée du ton et du genre du film.

2. **Titre** : Un bon titre, selon Snyder, est vital pour rendre un film pitchable. Il doit être accrocheur, pertinent par rapport au contenu du film et avoir un certain cachet.

3. **Genre** : Snyder insiste sur le fait que chaque film doit correspondre clairement à un genre, ou à une combinaison de genres. Cela donne au public, et donc aux personnes à qui vous faites le pitch, une idée claire de ce à quoi s'attendre.

4. **Connaissance du marché** : Snyder encourage les scénaristes à bien connaître le marché et à comprendre ce que les producteurs et le public recherchent. Cela peut aider à orienter le pitch et à rendre le film plus attrayant.

5. **Structure de l'histoire** : Enfin, Snyder insiste sur l'importance d'une structure d'histoire solide. Il propose sa feuille de beats (Beat Sheet) comme guide pour structurer l'histoire. Une histoire bien structurée est plus facile à résumer et à vendre.

En résumé, pour rendre un film plus pitchable selon Snyder, le scénariste doit pouvoir clairement et succinctement communiquer le concept du film, le conflit, les personnages principaux, le genre, le ton et la structure de l'histoire. Il doit également avoir un bon titre et une bonne logline, et comprendre le marché du cinéma.

BLAKE SNYDER INSISTE BEAUCOUP SUR CERTAINES "REGLES" DE PAGINATION DANS SON LIVRE "SAVE THE CAT!" pour aider à structurer et à rythmer un scénario. Deux d'entre elles sont les règles de la page 5 et de la page 75.

La règle de la page 5 : Snyder suggère qu'à la page 5 de votre scénario, vous devriez avoir une image qui représente visuellement ce que votre film est et ce qui le rend unique. Cette image est généralement une sorte de métaphore visuelle de votre histoire. La raison pour laquelle Snyder propose cette règle est qu'il estime qu'il faut donner à votre lecteur une idée claire et précise de ce que sera votre film dès le départ.

La règle de la page 75 : Selon Snyder, la page 75 d'un scénario est généralement là où le personnage principal atteint le "All is Lost" beat (Tout est perdu), le point le plus bas de l'histoire. C'est le moment où le personnage principal a tout perdu et semble le plus loin possible de son objectif. Snyder suggère que le moment de "tout est perdu" devrait toujours tomber autour de la page 75 d'un scénario.

Ces "règles" sont plus des lignes directrices que des règles strictes, et Snyder lui-même insiste sur le fait que chaque histoire est différente. Cependant, elles peuvent être utiles pour donner une structure et un rythme à votre scénario.

"STORY: SUBSTANCE, STRUCTURE, STYLE AND THE PRINCIPLES OF SCREENWRITING" est un livre influent de **Robert McKee**, qui est largement respecté comme une autorité en matière de narration, notamment pour le cinéma et la télévision. Voici quelques-uns des conseils et des outils essentiels qu'il propose :

1. **Importance de la structure** : McKee insiste sur le fait que la structure est essentielle pour raconter une histoire efficace. Il propose une approche de la structure basée sur des "beats" ou des "événements de l'histoire", qui sont liés entre eux pour former des séquences, des actes et enfin, l'histoire globale.

2. **Le conflit est essentiel** : Pour McKee, le conflit est le moteur de toute histoire. Sans conflit, il n'y a pas d'histoire. Le conflit peut être interne (au sein d'un personnage), personnel (entre les personnages) ou extra-personnel (entre les personnages et leur environnement ou la société).

3. **Caractérisation** : McKee suggère que les personnages doivent être développés à travers leurs actions plutôt que par des descriptions ou des dialogues explicites. Le caractère d'une personne est révélé par la façon dont elle agit sous pression.

4. **Le thème** : Selon McKee, chaque histoire doit avoir un thème ou une idée centrale. Ce thème doit être exprimé à travers l'intrigue et les actions des personnages, plutôt qu'à travers un discours explicite.
5. **Les scènes et les séquences** : McKee propose une approche de l'écriture basée sur des scènes individuelles qui sont ensuite organisées en séquences. Chaque scène doit avoir une structure en forme d'arc, avec un début, un milieu et une fin, et doit contribuer à l'intrigue globale.
6. **Subtexte** : McKee insiste sur l'importance du subtexte, ce qui n'est pas dit explicitement mais est implicite dans le dialogue et l'action. Le subtexte peut ajouter de la profondeur et de la complexité à une histoire.
7. **Règles de genre** : McKee croit que chaque genre a ses propres règles et conventions, et que les scénaristes doivent les comprendre et les respecter pour réussir dans ce genre.

McKee propose une approche analytique de la narration, en se basant sur des principes et des techniques qui ont été prouvés au fil du temps. Il insiste sur le fait que la maîtrise de ces outils est essentielle pour tout scénariste qui veut raconter des histoires efficaces.

Dans son livre, Robert McKee ne fournit pas de liste spécifique de beats (événements d'histoire) comme on pourrait le trouver dans "Save the Cat!" de Blake Snyder. Sa philosophie est un peu différente. Pour McKee, un "beat" est la plus petite unité de l'histoire, une action/réaction qui change la valeur d'une scène. Au lieu de donner une liste prescriptive de beats spécifiques, McKee se concentre sur la façon dont ces beats s'articulent ensemble pour former une scène, une séquence, un acte, et finalement une histoire complète.

Cela dit, McKee parle beaucoup de la structure globale de l'histoire. Il divise généralement l'histoire en trois actes (bien que cet aspect ne soit pas rigide), chacun avec des objectifs et des points de pivot spécifiques :

1. **Acte I - La mise en place** : On présente le monde, les personnages et le conflit initial. Cet acte se termine généralement par un premier point de pivot majeur qui propulse l'histoire dans une nouvelle direction.
2. **Acte II - Confrontation** : Le personnage principal rencontre des obstacles et des conflits tout en poursuivant son objectif. Ce sont ces défis qui révèlent le véritable caractère du protagoniste. Cet acte se termine

par un deuxième point de pivot, souvent un point de crise ou un point de non-retour.
3. **Acte III - Résolution** : Le personnage principal fait face à la confrontation finale et l'histoire atteint sa résolution.

Ainsi, au lieu d'une liste de beats spécifiques, McKee se concentre sur la façon dont chaque beat - chaque action/réaction - contribue à la structure globale de l'histoire et au voyage du personnage principal. Il conseille de toujours être conscient de la valeur de chaque scène, de comment elle pousse l'histoire vers l'avant, et de comment elle se connecte aux autres scènes et beats autour d'elle.

Développé par McKee, Le carré thématique est un outil qui aide à structurer et à développer des thèmes dans une histoire. Il s'agit essentiellement d'une grille à deux dimensions, où chaque côté du carré représente un aspect ou une valeur opposée d'un thème donné. Il est généralement utilisé pour explorer des idées complexes ou des dilemmes moraux qui se trouvent au cœur d'une histoire.

Voici comment vous pouvez créer votre propre carré thématique :

1. **Choisir un thème central** : La première étape consiste à choisir le thème central ou l'idée que vous voulez explorer dans votre histoire. Ce thème peut être quelque chose de tangible comme "l'amour" ou "la vengeance", ou quelque chose d'intangible comme "la morale" ou "l'identité".
2. **Identifier les oppositions** : Une fois que vous avez choisi votre thème, l'étape suivante consiste à identifier deux ensembles d'oppositions qui sont liées à ce thème. Par exemple, si votre thème est "l'amour", vous pourriez choisir "l'amour égoïste" vs "l'amour altruiste" pour l'un de vos axes, et "l'amour romantique" vs "l'amour fraternel" pour l'autre axe.

3. **Dessiner le carré** : Maintenant que vous avez vos oppositions, vous pouvez dessiner votre carré. Tracez un axe horizontal et un axe vertical sur une feuille de papier. Étiquetez chaque extrémité de l'axe avec l'un de vos opposés.

4. **Remplir le carré** : Une fois que vous avez votre carré, vous pouvez commencer à le remplir. Chaque quadrant du carré représente une combinaison unique de vos oppositions. Par exemple, le quadrant en haut à gauche pourrait représenter "l'amour égoïste romantique", tandis que le quadrant en bas à droite pourrait représenter "l'amour altruiste fraternel". Vous pouvez remplir chaque quadrant avec des exemples, des idées ou des situations qui illustrent cette combinaison.

Le carré thématique est un outil utile pour explorer et développer des thèmes complexes dans votre histoire. Il vous aide à identifier les différentes facettes d'un thème et à comprendre comment elles peuvent interagir et se contredire. C'est aussi un excellent moyen de générer des idées pour des scènes ou des conflits qui mettent en évidence votre thème.

Dans son livre, Robert McKee ne propose pas une liste définie des genres comme le fait Blake Snyder dans "Save

The Cat!". Cependant, McKee souligne l'importance d'avoir une compréhension approfondie du genre dans lequel vous écrivez et de respecter ses conventions tout en apportant une touche unique. Il fait référence aux genres communs du cinéma tels que :

1. **Comédie** : Ce genre est caractérisé par l'humour et se termine généralement de manière heureuse. Les comédies peuvent varier de la farce à la comédie noire, en passant par la comédie romantique.
2. **Drame** : Le drame est un genre sérieux qui se concentre sur les conflits réalistes et les émotions humaines. Il peut s'agir de drames de caractères, de drames judiciaires, de drames historiques, etc.
3. **Horreur** : Ce genre est conçu pour effrayer le public, en jouant sur les peurs et les phobies communes. Il peut s'agir de films de monstres, de films de slasher, de films psychologiques d'horreur, etc.
4. **Romance** : Ce genre se concentre sur les relations amoureuses et se termine généralement de manière positive, bien que cela ne soit pas toujours le cas. Il peut s'agir de comédies romantiques, de drames romantiques, de romances historiques, etc.

5. **Thriller** : Ce genre est conçu pour créer de la tension et de l'excitation. Il peut s'agir de thrillers psychologiques, de thrillers d'action, de thrillers de crime, etc.
6. **Science-fiction** : Ce genre explore des idées et des situations futuristes, souvent en lien avec la technologie ou l'espace. Il peut s'agir de films de space opera, de dystopie, de cyberpunk, etc.
7. **Fantasy** : Ce genre se concentre sur les mondes fantastiques et les créatures mythiques. Il peut s'agir de high fantasy, de low fantasy, de fantasy urbaine, etc.
8. **Western** : Ce genre est basé sur les histoires de l'Ouest américain au XIXe siècle. Il peut s'agir de westerns classiques, de westerns spaghetti, de neo-westerns, etc.
9. **Mystère** : Ce genre tourne autour de la résolution d'un crime ou d'un mystère. Il peut s'agir de films noirs, de whodunits, de thrillers policiers, etc.
10. **Action** : Ce genre est caractérisé par des scènes d'action à haute énergie et des séquences de combat. Il peut s'agir de films de super-héros, de films de guerre, de films d'espionnage, etc.

Il est à noter que ces genres peuvent souvent se chevaucher et être mélangés pour créer des histoires uniques. Par exemple, un film pourrait être à la fois un thriller et un drame, ou une comédie et une romance.

SYD FIELD EST UN AUTRE NOM BIEN CONNU DANS LE DOMAINE DE L'ECRITURE DE SCENARIO. SON LIVRE "SCREENPLAY: THE FOUNDATIONS OF SCREENWRITING" est largement considéré comme un texte de référence pour les scénaristes. Voici quelques-uns des principaux outils, techniques et conseils qu'il propose :

1. **Structure en Trois Actes** : Field est célèbre pour avoir popularisé la structure narrative en trois actes, qui se compose de l'exposition (Acte I), de la confrontation (Acte II) et de la résolution (Acte III). Il insiste sur le fait que chaque acte doit avoir une durée précise, avec l'Acte II prenant généralement la moitié du temps total du film.

2. **Points de Plot** : Field introduit l'idée des points de plot, qui sont des événements clés qui poussent l'histoire vers l'avant. Selon Field, il y a généralement deux points de plot majeurs dans un film - un à la fin de l'Acte I qui lance l'Acte II, et un à la fin de l'Acte II qui lance l'Acte III.

3. **Scène Pinacle** : C'est la scène où l'histoire atteint son point culminant. C'est généralement là où le personnage principal doit faire face à son plus grand défi ou affronter son pire ennemi.

4. **Personnage et Conflit** : Field souligne l'importance de développer des personnages tridimensionnels avec des

objectifs clairs et des motivations fortes. Il explique également que le conflit est essentiel pour faire avancer l'intrigue et maintenir l'intérêt du spectateur.

5. **Dialogue** : Field donne des conseils sur la manière de créer des dialogues réalistes et engageants qui révèlent le caractère des personnages et font avancer l'intrigue.

6. **Synopsis et Traitement** : Field suggère de commencer l'écriture d'un scénario par la rédaction d'un synopsis, qui est un résumé de l'histoire, et d'un traitement, qui est une version plus détaillée du scénario.

7. **Réécriture** : Field insiste sur l'importance de la réécriture. Selon lui, l'écriture d'un scénario est un processus d'itération, et il faut souvent plusieurs versions pour obtenir le résultat final.

En résumé, les conseils de Syd Field visent à aider les scénaristes à structurer leur histoire de manière efficace, à développer des personnages intéressants et à créer un dialogue et un conflit captivants.

Syd Field offre plusieurs conseils pour créer des dialogues réalistes et engageants dans "Screenplay: The Foundations of Screenwriting". Voici quelques-uns des principaux :

1. **Refléter le caractère du personnage** : Le dialogue doit toujours être en adéquation avec le personnage qui le prononce. Cela comprend l'âge, le niveau d'éducation, le contexte culturel et même l'état d'esprit du personnage. Un personnage instruit parlera différemment d'un personnage moins éduqué, un personnage en colère parlera différemment d'un personnage calme.
2. **Rendre le dialogue actif** : Le dialogue doit faire avancer l'intrigue ou révéler quelque chose d'important sur le personnage. Il doit être utilisé pour créer du conflit, révéler des motivations, des enjeux ou développer des arcs de personnages. Un dialogue qui ne fait rien de tout cela peut souvent être supprimé.
3. **Subtexte** : Le subtexte est ce qui n'est pas dit explicitement mais peut être déduit du dialogue. Par exemple, un personnage peut dire une chose, mais signifie vraiment autre chose. L'usage du subtexte peut rendre le dialogue plus intéressant et révélateur.
4. **Éviter les expositions lourdes** : Field conseille d'éviter d'utiliser le dialogue pour délivrer de grandes quantités d'information ou d'exposition. Si les informations sont nécessaires, elles doivent être délivrées de manière naturelle et organique, et non pas comme si elles étaient forcées ou artificielles.

5. **Écouter les vraies personnes** : Field recommande d'écouter attentivement comment les gens parlent dans la vraie vie - leur rythme, leurs hésitations, leurs répétitions, leurs expressions idiomatiques. Cela peut aider à rendre le dialogue plus réaliste.
6. **Relecture à voix haute** : L'un des meilleurs moyens de tester la qualité d'un dialogue est de le lire à voix haute. Cela peut aider à identifier les parties du dialogue qui sonnent de manière artificielle ou forcée.
7. **Réécriture** : Field insiste sur le fait que l'écriture de dialogue est un processus d'itération. Il faut souvent plusieurs versions pour obtenir le dialogue final. Il ne faut pas hésiter à réécrire et affiner le dialogue jusqu'à ce qu'il soit juste.

En résumé, le dialogue est un outil puissant pour les scénaristes, mais il doit être utilisé judicieusement. Il doit toujours servir l'histoire et les personnages, et non pas être utilisé de manière superflue ou artificielle.

Dans "Screenplay: The Foundations of Screenwriting", Syd Field souligne l'importance de la réécriture pour la réalisation d'un bon scénario. Il n'offre pas une méthode précise pour la réécriture, mais donne quelques conseils généraux que les scénaristes peuvent utiliser :

1. **Prenez du recul** : Après avoir terminé un premier jet, Field conseille de prendre du recul et de laisser le scénario reposer pendant un certain temps. Cela permet de revenir à l'histoire avec un regard neuf et une perspective plus objective.

2. **Lire à voix haute** : Field recommande de lire le scénario à voix haute, ce qui peut aider à repérer les problèmes de dialogue, de rythme ou de ton qui ne sont pas évidents lors de la lecture silencieuse. C'est particulièrement utile pour les dialogues, car cela permet de voir si les répliques sonnent de manière naturelle.

3. **Obtenir des commentaires** : Il est important d'obtenir des commentaires d'autres personnes, que ce soit d'autres scénaristes, des lecteurs de scénario, des mentors ou des amis. Ils peuvent offrir une perspective différente et souligner des problèmes que vous n'avez peut-être pas remarqués.

4. **Être prêt à effectuer des changements majeurs** : Parfois, la réécriture peut signifier faire des changements

radicaux dans l'histoire, les personnages ou la structure. Field encourage les scénaristes à être ouverts à ces changements s'ils servent l'histoire.

5. **Travailler sur des sections spécifiques** : Plutôt que de tenter de réécrire tout le scénario à la fois, Field suggère de se concentrer sur des sections spécifiques ou des aspects du scénario à la fois, qu'il s'agisse de scènes individuelles, de sous-plots, de caractérisations de personnages, etc.

6. **Réviser la structure** : En utilisant les outils de Field, tels que la structure en trois actes et les points de plot, vous pouvez vérifier si votre scénario adhère à une structure solide. Si ce n'est pas le cas, la réécriture peut impliquer des ajustements de la structure.

En résumé, bien que la réécriture puisse être un processus difficile et parfois frustrant, Field souligne qu'elle est absolument essentielle pour l'écriture de scénarios. Chaque révision rapproche le scénario de sa meilleure version possible.

Quand Syd Field parle de "personnages tridimensionnels", il fait référence à des personnages qui sont bien développés et possèdent une profondeur et une complexité réalistes. Ces personnages sont plus qu'un simple stéréotype ou une caricature ; ils ont des motivations, des désirs, des peurs, des contradictions et des défauts, tout comme les vraies personnes. Voici quelques techniques que Field propose pour créer de tels personnages :

1. **Arrière-plan et histoire personnelle** : Un personnage tridimensionnel a une vie en dehors des événements présentés dans le film. Quelle est son histoire personnelle ? Quels événements passés ont façonné qui il est aujourd'hui ? Quelle est sa famille, son travail, ses loisirs ? Tous ces détails peuvent ne pas apparaître explicitement dans le scénario, mais ils influencent le comportement du personnage et le rendent plus crédible.
2. **Désirs et objectifs** : Qu'est-ce que le personnage veut vraiment ? Qu'est-ce qui le motive ? Quel est son objectif principal dans l'histoire ? Les personnages tridimensionnels ont des désirs forts qui les poussent à agir et à prendre des risques.
3. **Conflits et obstacles** : Quels sont les défis que le personnage doit surmonter pour atteindre ses objectifs ? Ces obstacles peuvent être externes (un antagoniste, une

situation difficile) ou internes (peurs, doutes, défauts du personnage). Les conflits créent du suspense et de la tension et permettent au personnage de se développer et de changer.

4. **Relations** : Comment le personnage interagit-il avec les autres ? Comment ses relations révèlent-elles son caractère ? Les relations sont souvent un miroir qui reflète la personnalité et les motivations d'un personnage.

5. **Évolution et transformation** : Les personnages tridimensionnels évoluent généralement au cours de l'histoire. Comment le personnage change-t-il en réponse aux événements et aux défis qu'il rencontre ? Cette transformation donne de la profondeur au personnage et rend l'histoire plus satisfaisante pour le public.

Field insiste sur le fait qu'une bonne compréhension de vos personnages est essentielle pour écrire un bon scénario. Les personnages tridimensionnels rendent l'histoire plus captivante et permettent au public de s'investir émotionnellement dans l'intrigue.

"WRITING FOR TELEVISION, RADIO, AND NEW MEDIA" DE ROBERT L. HILLIARD est un manuel d'écriture complet qui couvre une variété de formats, y compris les nouvelles, les publicités, les dramatiques, les documentaires, la comédie et bien d'autres. Hilliard offre une multitude de conseils et de techniques utiles pour chaque format, en se concentrant sur les spécificités de l'écriture pour les médias audiovisuels et numériques.

1. **Comprendre le format** : Chaque média a ses propres contraintes et opportunités. Hilliard insiste sur l'importance de comprendre le format pour lequel vous écrivez, que ce soit la radio, la télévision, ou les nouveaux médias comme les podcasts ou les médias sociaux. Cela inclut la durée du contenu, les attentes du public, la manière dont le contenu est consommé, etc.

2. **Écrire pour l'oreille** : En radio et en télévision, le texte est souvent entendu plutôt que lu. Hilliard donne des conseils sur la façon d'écrire un dialogue naturel et captivant qui peut être facilement compris lorsqu'il est parlé.

3. **Utiliser le son et l'image efficacement** : Dans les médias audiovisuels, le son et l'image sont aussi importants que les mots. Hilliard explique comment utiliser ces éléments pour compléter et enrichir l'histoire.

4. **L'écriture concise** : Hilliard souligne l'importance d'une écriture concise, surtout pour les nouvelles et les publicités, où le temps est limité. Il donne des conseils sur la manière de transmettre des informations de manière claire et succincte.

5. **L'importance du public** : Comprendre votre public est essentiel pour l'écriture de contenu pour les médias. Hilliard conseille sur la manière de cibler votre écriture pour différents groupes d'âge, intérêts, niveaux d'éducation, etc.

6. **Éthique de l'écriture** : Hilliard aborde également des questions d'éthique dans l'écriture pour les médias, comme la représentation équitable, la vérification des faits et le respect de la vie privée.

7. **Écrire pour différents genres** : Le livre explore également les spécificités d'écrire pour différents genres et types de contenu, des dramas aux documentaires, en passant par les sitcoms et les émissions de téléréalité.

En somme, "Writing for Television, Radio, and New Media" est une ressource précieuse pour tout écrivain intéressé par l'écriture pour les médias audiovisuels et numériques. Il offre des conseils pratiques et des techniques qui peuvent être appliquées à une variété de formats et de genres.

"Écrire pour l'oreille" est une compétence cruciale dans l'écriture pour la radio, la télévision, et d'autres formes de médias audiovisuels. Dans son livre, "Writing for Television, Radio, and New Media", Robert L. Hilliard donne plusieurs conseils et techniques sur ce sujet :

1. **Langage naturel** : Hilliard suggère d'utiliser un langage qui est naturel et conversationnel. Évitez le jargon ou le langage excessivement formel qui peut être difficile à comprendre lorsque c'est parlé. Écrivez comme vous parlez.

2. **Clarté** : Il est important que votre script soit clair et facile à comprendre dès la première écoute. N'oubliez pas que les auditeurs n'ont pas la possibilité de revenir en arrière et de relire un passage s'ils le manquent ou le trouvent confus.

3. **Rythme et inflexion** : Considérez le rythme et l'inflexion de la langue parlée. Utilisez des pauses, variez la longueur des phrases et considérez le rythme et le ton de la voix de l'acteur.

4. **Visuels sonores** : Puisque vous n'avez pas d'images pour accompagner votre texte, utilisez des descriptions et des mots qui créent des images mentales. Hilliard recommande d'utiliser le "show, don't tell" même en audio - au lieu de dire que quelqu'un est triste, par

exemple, décrivez comment sa voix tremble ou comment elle pleure.
5. **Effets sonores et musique** : Hilliard souligne l'importance des effets sonores et de la musique pour aider à raconter l'histoire. Ces éléments peuvent aider à établir le cadre, à créer une atmosphère ou à souligner des moments clés.
6. **Répétition** : La répétition peut être un outil précieux lors de l'écriture pour l'oreille. Elle peut aider à renforcer des points clés et à assurer que l'auditeur a saisi l'information.

Ces techniques peuvent être extrêmement utiles pour les scénaristes qui écrivent pour des médias où le public principal est l'oreille.

"**THE WRITER'S JOURNEY: MYTHIC STRUCTURE FOR WRITERS**" de Christopher Vogler est un guide de référence pour l'écriture de scénarios basé sur "Le Héros aux mille visages" de Joseph Campbell. Vogler utilise le concept de "monomythe" ou le "voyage du héros" de Campbell comme une structure pour raconter des histoires. Voici quelques-uns des principaux conseils et techniques présentés dans le livre :

1. **Le Voyage du Héros** : Vogler décrit une structure en 12 étapes basée sur le voyage du héros de Campbell. Ces étapes incluent le monde ordinaire, l'appel à l'aventure, le refus de l'appel, la rencontre avec le mentor, le passage du premier seuil, les épreuves, l'approche de la caverne intime, l'épreuve suprême, la récompense, le chemin du retour, la résurrection, et le retour avec l'élixir.

2. **Les Archétypes de Personnages** : Vogler présente également huit archétypes de personnages qui sont couramment utilisés dans les histoires : le Héros, le Mentor, le Gardien du Seuil, l'Allié, l'Ombre, le Tricheur, le Héraut et l'Initié. Ces archétypes peuvent être utilisés pour construire des personnages convaincants et complexes.

3. **Les Thèmes Universels** : Vogler suggère que les histoires réussies s'appuient sur des thèmes universels et

des émotions humaines fondamentales. Il recommande d'incorporer ces thèmes dans vos propres histoires pour créer un récit qui résonne avec le public.

4. **Le Voyage Intérieur** : En plus du voyage extérieur du héros, Vogler souligne l'importance du voyage intérieur du héros, ou la croissance et le changement que le héros doit subir tout au long de l'histoire.

5. **La Structure Trois Actes** : Bien que le voyage du héros soit composé de douze étapes, Vogler suggère qu'il peut aussi être adapté à une structure à trois actes plus traditionnelle.

"The Writer's Journey" offre une approche pratique de la structure narrative basée sur des motifs mythologiques universels. Les conseils et techniques de Vogler sont largement utilisés dans l'industrie cinématographique et peuvent être très utiles pour les scénaristes de tous les niveaux.

Dans "The Writer's Journey: Mythic Structure for Writers", Christopher Vogler détaille une structure narrative en 12 étapes, basée sur le "voyage du héros" identifié par Joseph Campbell. Chaque étape représente un stade de développement et de progression du personnage principal dans l'histoire. Voici les 12 étapes :

1. **Le Monde Ordinaire** : C'est le point de départ de l'histoire où le héros est introduit dans son cadre quotidien.
2. **L'Appel à l'Aventure** : Le héros reçoit un défi, une quête, ou un problème qu'il doit résoudre.
3. **Le Refus de l'Appel** : Le héros hésite ou refuse d'abord de relever le défi ou l'aventure, souvent par peur de l'inconnu.
4. **La Rencontre avec le Mentor** : Le héros rencontre un personnage qui lui offre des conseils, de l'aide, une formation ou des objets magiques pour l'aider dans sa quête.
5. **Le Passage du Premier Seuil** : Le héros quitte son monde ordinaire pour entrer dans un monde inconnu et étrange.
6. **Les Épreuves, les Alliés et les Ennemis** : Le héros fait face à des épreuves, rencontre des alliés et des ennemis, et apprend les règles de ce nouveau monde.
7. **L'Approche de la Caverne Intime** : Le héros se prépare pour le grand défi ou le conflit à venir, souvent une confrontation avec l'antagoniste principal.
8. **L'Épreuve Suprême** : C'est le point culminant de l'histoire où le héros doit affronter sa plus grande peur ou son plus grand ennemi.

9. **La Récompense** : Après avoir surmonté l'épreuve suprême, le héros obtient une récompense, qui peut être un objet de grande valeur ou une vérité profonde.
10. **Le Chemin du Retour** : Le héros doit revenir au monde ordinaire, souvent en étant poursuivi par les forces qu'il a dérangées lors de l'obtention de la récompense.
11. **La Résurrection** : Le héros fait face à une dernière épreuve, souvent une réplique de l'épreuve suprême mais plus intense, où il doit démontrer ce qu'il a appris.
12. **Le Retour avec l'Élixir** : Le héros revient à son monde ordinaire, transformé, et offre le bénéfice de sa quête à sa communauté.

Chaque étape de cette structure narrative représente une phase de transformation du héros, à travers des défis, des triomphes et des découvertes, pour finalement revenir transformé.

Dans "The Writer's Journey: Mythic Structure for Writers", Christopher Vogler détaille huit archétypes de personnages principaux basés sur la théorie des archétypes de Carl Jung. Ces archétypes sont :

1. **Le Héros** : C'est le personnage principal qui entreprend le voyage. Le Héros est celui qui est appelé à grandir, à apprendre et à surmonter des défis pour atteindre un but particulier.
2. **Le Mentor** : Ce personnage offre une sagesse, des conseils, une formation ou des outils au Héros. Le Mentor est souvent une figure paternelle ou maternelle.
3. **Le Gardien du Seuil** : Ce personnage, ou parfois un obstacle, représente un défi ou une peur que le Héros doit surmonter pour entrer dans le monde inconnu. Ils sont souvent les gardiens de la frontière entre le monde familier et l'inconnu.
4. **L'Allié** : Ce sont les amis ou les compagnons qui aident le Héros tout au long de son voyage. Ils peuvent apporter de l'aide, du soutien moral ou une aide pratique.
5. **L'Ombre** : Ce personnage représente les peurs, les doutes et les aspects non désirés du Héros ou de la personnalité humaine en général. Il s'agit souvent de l'antagoniste de l'histoire, mais pas toujours.

6. **Le Tricheur** : Ce personnage ajoute du comique ou de la complexité à l'histoire. Ils peuvent tromper ou jouer des tours pour changer les perceptions ou compliquer la situation.

7. **Le Héraut** : Ce personnage annonce le changement ou l'aventure à venir. Il est souvent le porteur de l'appel à l'aventure pour le Héros.

8. **L'Initié** : Ce personnage est souvent celui qui est dans une position d'apprentissage par rapport au Mentor. Parfois, le Héros peut être à la fois l'Initié et le Héros, apprenant des leçons de vie au cours de son voyage.

Ces archétypes de personnages peuvent être très utiles pour structurer les personnages dans une histoire et peuvent être adaptés ou modifiés en fonction des besoins de l'intrigue. Il est à noter que ces archétypes ne sont pas limités à un personnage spécifique - un personnage peut représenter différents archétypes à différents moments de l'histoire.

Les thèmes universels sont des idées et des concepts fondamentaux qui sont communs à l'ensemble de l'humanité, indépendamment de la culture ou de l'époque. Ils touchent des aspects essentiels de la condition humaine et peuvent être exprimés dans une variété d'histoires. En littérature et en dramaturgie, ils aident à créer des récits qui résonnent avec un large éventail de publics. Voici quelques exemples de thèmes universels et leurs caractéristiques :

1. **L'Amour** : Cela inclut l'amour romantique, l'amour familial, l'amitié, l'amour perdu et l'amour non partagé. Les histoires centrées sur ce thème explorent souvent les joies, les douleurs et les complexités de l'amour sous toutes ses formes.

2. **La Mort et le Deuil** : Cela peut inclure la peur de la mort, l'acceptation de la mortalité, le processus de deuil, et les questions de ce qu'il y a après la mort.

3. **La Quête de l'Identité** : Cela peut impliquer une quête de soi, un voyage d'auto-découverte, la définition de soi par rapport aux autres, ou la lutte pour l'affirmation de soi.

4. **Le Bien contre le Mal** : C'est une lutte universelle qui peut prendre de nombreuses formes, y compris la lutte intérieure contre les tentations, les conflits avec les forces

extérieures du mal, ou le dilemme moral de déterminer ce qui est juste.

5. **La Liberté et l'Oppression** : Ces histoires peuvent aborder des questions de liberté personnelle, de rébellion contre l'oppression, de droits de l'homme, ou de lutte pour l'égalité.

6. **La Nature Humaine et la Condition Humaine** : Cela peut impliquer des questions sur ce que signifie être humain, ce qui est inné par rapport à ce qui est acquis, et comment les gens interagissent avec le monde qui les entoure.

7. **Le Passage du Temps** : Cela peut comprendre des thèmes de croissance, de changement, de vieillissement, de nostalgie et de perte.

Ces thèmes peuvent être interprétés et explorés de différentes manières, en fonction du contexte de l'histoire et des points de vue des personnages. Bien qu'ils soient universels, la manière dont ils sont représentés peut être influencée par des facteurs culturels, historiques et individuels.

Christopher Vogler, dans "The Writer's Journey: Mythic Structure for Writers", n'explicite pas une séquence d'étapes spécifiques pour le "voyage intérieur" d'un personnage comme il le fait pour le "voyage du héros". Cependant, il est implicitement reconnu que le voyage intérieur d'un personnage se déroule parallèlement au voyage extérieur. Le voyage intérieur est le développement émotionnel et psychologique du personnage à travers l'histoire.

Cela dit, on peut tirer des analogies entre le voyage extérieur du héros et le voyage intérieur. Les étapes du voyage intérieur peuvent varier en fonction du personnage et de l'histoire, mais elles pourraient ressembler à ceci :

1. **Inconscient** : Le personnage n'est pas encore conscient de son problème intérieur ou de son conflit émotionnel.
2. **Refus de l'appel** : Le personnage résiste à faire face à son problème intérieur.
3. **Confrontation** : Le personnage est forcé de faire face à son problème intérieur, souvent par une épreuve extérieure.
4. **Épreuve majeure** : Le personnage affronte le point culminant de son conflit intérieur.
5. **Résolution** : Le personnage résout son conflit intérieur, ce qui entraîne une transformation ou un changement.

Ces étapes ne sont pas prescriptives et peuvent être adaptées en fonction des besoins spécifiques de votre histoire ou de vos personnages. L'important est de montrer comment le personnage évolue et change tout au long de l'histoire, surmontant ses conflits internes et émotionnels pour atteindre une meilleure compréhension de soi-même ou du monde qui l'entoure.

"INSIDE STORY: THE POWER OF THE TRANSFORMATIONAL ARC" DE DARA MARKS propose une approche unique et innovante de l'écriture de scénarios en se concentrant sur l'arc de transformation des personnages et la structure dramatique. Voici quelques-unes des techniques et concepts clés qu'elle introduit dans son livre :

1. **Arc de Transformation** : Marks souligne l'importance de l'arc de transformation du personnage, c'est-à-dire comment le personnage change et évolue tout au long de l'histoire. Pour elle, un personnage doit passer par une transformation significative pour que l'histoire soit pleinement satisfaisante pour le public.

2. **Thème et Conflit** : Marks suggère que le thème d'une histoire doit être intrinsèquement lié au conflit principal du personnage. C'est-à-dire que le personnage doit passer par un conflit personnel pour réaliser pleinement le thème de l'histoire.

3. **Lignes de Conflit Intérieure, Extérieure et Relationnelle** : Marks propose une structure tridimensionnelle pour l'arc dramatique qui comprend des conflits intérieurs, extérieurs et relationnels. Les conflits extérieurs sont les obstacles que le personnage doit surmonter dans le monde réel, les conflits intérieurs sont les luttes émotionnelles et psychologiques du

personnage, et les conflits relationnels sont les défis dans les relations du personnage.

4. **Focalisation du Conflit** : Marks souligne également l'importance de concentrer le conflit en un seul point de crise pour avoir le plus grand impact dramatique.

5. **Structure de l'histoire** : Marks propose une approche unique de la structure de l'histoire, divisant le scénario en trois actes : le désir (acte 1), la résistance (acte 2) et le changement (acte 3).

6. **Développement Dynamique** : Marks parle de comment les personnages doivent être actifs et dynamiques pour faire avancer l'histoire. Elle insiste sur l'importance de faire en sorte que le personnage principal soit la force motrice de l'histoire.

Ces concepts introduits par Dara Marks ont eu un impact significatif sur l'écriture de scénarios, en mettant l'accent sur le développement des personnages et l'arc de transformation pour créer des histoires plus profondes et plus significatives.

Dara Marks décrit l'arc de transformation comme un voyage que le personnage principal entreprend pour résoudre son conflit interne, tout en surmontant les obstacles externes et en atteignant son objectif externe. Selon Marks, cet arc de transformation est au cœur de toute histoire réussie. Voici les étapes essentielles pour construire l'arc de transformation d'un personnage selon Dara Marks :

1. **Identification du Conflit Interne** : Le premier pas dans la construction de l'arc de transformation est d'identifier le conflit interne du personnage principal. Il s'agit généralement d'un problème ou d'une blessure profondément enracinée que le personnage doit résoudre pour se développer et évoluer.

2. **Établissement du Monde Ordinaire** : Le monde ordinaire du personnage est présenté, y compris son problème interne. Ce monde reflète souvent l'état interne du personnage.

3. **Définition du Conflit Externe** : Ensuite, le conflit externe est présenté, qui est généralement une manifestation ou une projection du conflit interne. Il s'agit d'un objectif tangible que le personnage principal cherche à atteindre.

4. **Établissement du Conflit Relationnel** : Marks insiste également sur l'importance d'un conflit relationnel, qui

est généralement lié au conflit interne et externe. Ce conflit met souvent le personnage principal en relation avec d'autres personnages qui aident ou entravent son parcours.

5. **Développement de l'Arc de Transformation** : À mesure que l'histoire progresse, le personnage principal doit faire face à des défis et des obstacles qui l'aident à affronter et à résoudre son conflit interne. C'est au cœur de l'histoire que le personnage principal rencontre le plus de résistance à son changement.

6. **Résolution du Conflit** : Finalement, le personnage principal doit résoudre son conflit interne, ce qui se manifeste souvent par la résolution du conflit externe et relationnel. C'est la culmination de l'arc de transformation.

7. **Nouvel Équilibre** : Après la résolution du conflit, un nouvel équilibre est établi où le personnage principal a évolué et grandi grâce à son voyage de transformation.

Le concept de l'arc de transformation de Dara Marks fournit un cadre utile pour les scénaristes qui cherchent à créer des personnages bien développés et des histoires significatives.

"THE TV WRITER'S WORKBOOK: A CREATIVE APPROACH TO TELEVISION SCRIPTS" D'ELLEN SANDLER est une ressource précieuse pour quiconque cherche à écrire pour la télévision. Ellen Sandler, avec son expérience de productrice et scénariste pour des émissions comme "Everybody Loves Raymond", donne des conseils pratiques et des outils pour naviguer dans l'industrie de la télévision et écrire des scripts réussis. Voici quelques-uns des principaux enseignements et outils qu'elle offre :

1. **Comprendre la Structure d'une Émission de Télévision** : Sandler souligne l'importance de comprendre la structure d'une émission de télévision, y compris la division en actes et les points de coupure pour les publicités. Elle détaille aussi la différence entre divers formats comme le sitcom, le drame d'une heure, le drame procédural, etc.
2. **L'Écriture de la "Bible de la Série"** : Sandler offre des conseils pour créer une "bible de la série", un document qui décrit en détail le monde de l'émission, les personnages, les arcs d'histoire potentiels et d'autres détails importants.
3. **Créer des Personnages Convaincants** : Elle donne des conseils pour créer des personnages bien développés et

multidimensionnels qui sont essentiels pour toute émission de télévision réussie.

4. **L'Art du "Pitch"** : Sandler fournit des conseils sur comment "pitcher" efficacement une idée d'émission à des exécutifs de la télévision.

5. **L'Écriture d'un Script de Spécification** : Elle donne des directives sur l'écriture d'un script de spécification, un outil essentiel pour les scénaristes de télévision qui cherchent à se faire embaucher.

6. **Naviguer dans l'Industrie de la Télévision** : Sandler offre également des conseils sur la façon de naviguer dans l'industrie de la télévision, y compris comment trouver et travailler avec un agent, comment gérer les notes de révision, et comment se comporter dans une salle d'écriture.

Ces outils et enseignements peuvent être précieux pour tout scénariste qui cherche à écrire pour la télévision, que vous soyez débutant ou plus expérimenté.

Ellen Sandler offre des conseils précieux sur la façon de créer une "bible de série" dans "The TV Writer's Workbook". Voici quelques-uns de ses principaux conseils :

1. **Définition de la série** : La bible doit commencer par une définition claire de ce qu'est la série. Quel est le concept central ? Quel est le ton ? Quel genre d'humour, de drame ou d'action peut-on attendre ? Il s'agit de donner au lecteur une idée immédiate de ce à quoi il peut s'attendre de la série.

2. **Description des personnages** : Chaque personnage principal doit avoir une section dédiée. Celle-ci devrait inclure une description physique, mais aussi et surtout, une description détaillée de leur personnalité, de leur parcours, de leurs motivations, de leurs peurs, etc. Les relations entre les personnages sont également cruciales.

3. **Mondes et lieux** : Décrivez en détail le ou les lieux principaux où se déroulera l'action. Quel est leur aspect ? Comment contribuent-ils à l'atmosphère de la série ?

4. **Arcs d'histoire** : Il est important de donner une idée des types d'histoires que la série va raconter. Quels sont les arcs narratifs pour la première saison ? Et au-delà de la première saison, quelles sont les idées pour les arcs à long terme des personnages ?

5. **Épisodes exemples** : La bible doit également contenir des exemples d'épisodes. Ces exemples aideront à démontrer le format de l'émission et à donner une idée de la façon dont les arcs de l'histoire se développeront.
6. **Consistance** : Assurez-vous que tous les éléments de la bible sont cohérents entre eux. Les personnages, les lieux et les histoires doivent tous s'intégrer de manière organique pour créer une image cohérente de la série.
7. **Visuel** : Si possible, incluez des éléments visuels dans la bible. Des illustrations, des storyboards ou des photographies peuvent aider à donner vie à votre vision.

La création d'une bible de série est un processus intensif qui nécessite une réflexion approfondie sur chaque aspect de la série. C'est un outil crucial non seulement pour le processus d'écriture, mais aussi pour le pitching et la vente de la série aux producteurs et aux réseaux de télévision.

Dans "The TV Writer's Workbook", Ellen Sandler offre plusieurs conseils pour créer des personnages convaincants pour la télévision. Voici quelques-uns de ses conseils clés :

1. **Compréhension du Personnage** : Avant de commencer à écrire, vous devez comprendre votre personnage en profondeur. Cela signifie connaître son histoire, ses motivations, ses peurs et ses désirs.
2. **Conflits et Désirs** : Chaque personnage doit avoir des désirs clairs et des conflits. Ces éléments sont le moteur de l'histoire et permettent de développer l'arc du personnage tout au long de la série.
3. **Complexité** : Les personnages convaincants ne sont ni totalement bons ni totalement mauvais. Ils ont des forces, des faiblesses, des contradictions. Ce sont ces nuances qui les rendent intéressants et permettent aux téléspectateurs de s'identifier à eux.
4. **Voix Uniques** : Chaque personnage doit avoir une voix unique. Cela ne concerne pas seulement la façon dont ils parlent, mais aussi leur façon de voir le monde, leur attitude, leur comportement.
5. **Évolution** : Les personnages convaincants évoluent avec le temps. Ils apprennent, grandissent, changent à

travers leurs expériences. Il est important de montrer cette évolution tout au long de la série.

6. **Relations** : Les relations entre les personnages sont aussi importantes que les personnages eux-mêmes. Il faut réfléchir à la dynamique entre eux, à la façon dont ils interagissent et influencent mutuellement leur évolution.
7. **Consistance** : Même si les personnages évoluent, ils doivent rester cohérents. Leurs actions et réactions doivent toujours être crédibles et en accord avec ce que nous savons d'eux.

Rappelez-vous que l'objectif est de créer des personnages auxquels le public peut s'identifier et s'investir. Le succès d'une émission dépend souvent de la force de ses personnages et de leur capacité à capter l'intérêt du public.

Ellen Sandler, dans son livre "The TV Writer's Workbook", donne des conseils précieux sur la façon de pitcher efficacement une idée de série. En voici quelques-uns :

1. **Préparation** : Assurez-vous de bien comprendre votre série avant d'essayer de la pitcher. Vous devriez être capable de décrire le concept, les personnages, le monde et le ton de votre série en quelques phrases.
2. **Accroche** : Commencez votre pitch par une accroche intéressante. Cela pourrait être une question intrigante, une statistique choquante, une anecdote personnelle ou tout autre élément qui attirera immédiatement l'attention de votre auditoire.
3. **Succinct et percutant** : Un bon pitch doit être court et percutant. Il faut savoir aller à l'essentiel et éviter de se perdre dans les détails. Le but n'est pas de raconter toute l'histoire de la série, mais de donner une idée claire de son concept et de son potentiel.
4. **Personnages** : Les personnages sont le cœur de toute série. Vous devez être capable de décrire rapidement mais efficacement qui ils sont, ce qu'ils veulent, et pourquoi le public devrait se soucier d'eux.

5. **Passion** : Si vous n'êtes pas passionné par votre série, pourquoi quelqu'un d'autre le serait ? Montrez votre enthousiasme et votre engagement envers votre projet.

6. **Connexion personnelle** : Si possible, expliquez pourquoi cette série est importante pour vous. Qu'est-ce qui vous a poussé à créer cette série ? Qu'est-ce que cela signifie pour vous ? Cela peut aider à créer une connexion émotionnelle avec votre auditoire.

7. **Savoir à qui vous parlez** : Renseignez-vous sur la personne ou l'entreprise à qui vous présentez votre pitch. Quels types de séries recherchent-ils ? Quels sont leurs goûts et préférences ? Utilisez ces informations pour adapter votre pitch.

8. **Anticiper les questions** : Soyez prêt à répondre aux questions sur votre série. Cela pourrait concerner le budget, le public cible, les lieux de tournage, les arcs de l'histoire, etc.

9. **Pratique** : Comme pour tout, la pratique rend parfait. Répétez votre pitch jusqu'à ce que vous le maîtrisiez sur le bout des doigts.

Enfin, gardez à l'esprit que le pitch n'est que le début. Si vous parvenez à susciter l'intérêt, vous devrez alors être prêt à fournir davantage de détails, comme un script d'épisode, une bible de série, ou des profils de personnages détaillés.

DWIGHT V. SWAIN A ECRIT "TECHNIQUES OF THE SELLING WRITER" en 1965, il continue à être une référence importante pour les écrivains. Voici quelques-uns de ses conseils et techniques essentiels :

1. **Unités de Motivation et Réaction (MRUs)** : Swain propose le concept d'unités de motivation et de réaction, qui sont essentiellement les petites unités de cause à effet qui construisent une scène. Une unité de motivation est un stimulus externe auquel le personnage réagit, et une unité de réaction est la réponse du personnage à ce stimulus. Cela peut être décomposé en trois parties : le sentiment du personnage, le réflexe (réaction physique immédiate), et l'action réfléchie.

2. **Conflit et Tension** : Swain insiste sur l'importance du conflit et de la tension pour maintenir l'intérêt du lecteur. Il recommande de garder les enjeux élevés et de s'assurer qu'il y a toujours un obstacle entre le personnage et son objectif.

3. **"Scènes" et "Séquelles"** : Selon Swain, toute histoire est construite à partir d'une alternance de "scènes" (où le personnage tente activement d'atteindre un objectif et se heurte à un conflit) et de "séquelles" (où le personnage réagit émotionnellement à la scène, lutte avec un

dilemme, et prend une décision qui mène à la prochaine scène).

4. **La Situation, le Personnage, l'Objectif, l'Opposant et le Désastre (SPOOC)** : Swain propose la structure SPOOC comme une formule pour construire des scènes efficaces. La "Situation" introduit le contexte, le "Personnage" est le protagoniste, l'"Objectif" est ce que le personnage veut, l'"Opposant" est ce qui empêche le personnage d'atteindre son objectif, et le "Désastre" est le climax de la scène qui empêche le personnage d'atteindre son objectif et maintient le lecteur en haleine.

5. **Caractérisation** : Pour Swain, un bon personnage doit avoir une identification (nom, apparence, occupation), une individualisation (traits uniques et spécifiques), et une motivation (besoins, désirs, peurs).

6. **Focalisation** : Swain conseille de rester dans la tête d'un seul personnage à la fois pour maintenir la cohérence et éviter la confusion.

Ces techniques, entre autres, ont fait de Swain une référence majeure pour de nombreux écrivains et sont toujours largement utilisées et enseignées.

"THE ANATOMY OF STORY" DE JOHN TRUBY est un guide de narration qui propose 22 étapes pour construire une histoire riche et captivante. Voici certains de ses enseignements et techniques clés :

1. **Prémisse** : Truby suggère de commencer par une prémisse simple et précise, qui définit le personnage principal, la situation, l'objectif et l'opposant.

2. **Personnage** : Truby souligne l'importance de créer des personnages profonds et complexes, qui ont une faiblesse ou un besoin qui guide leur développement tout au long de l'histoire.

3. **Objectif du personnage et désir** : Selon Truby, un bon personnage doit avoir un désir clair qui le pousse à agir et qui génère l'intrigue de l'histoire. Cela peut être quelque chose de concret (un objet, une personne) ou de plus abstrait (le bonheur, la paix).

4. **Opposant** : Pour Truby, le meilleur opposant n'est pas simplement une force du mal, mais quelqu'un qui veut la même chose que le héros et qui est, à certains égards, une version déformée de lui.

5. **Plan du personnage et contre-plan** : Le personnage principal doit avoir un plan pour atteindre son objectif, et l'opposant doit avoir un contre-plan pour l'en empêcher.

6. **Révélation et prise de conscience** : Au fil de l'histoire, le personnage principal doit apprendre des vérités importantes sur lui-même, sur les autres, et sur le monde qui l'amènent à changer et à grandir.
7. **Bataille finale** : L'histoire doit culminer en une bataille finale, où le personnage principal et l'opposant s'affrontent directement et où les enjeux sont les plus élevés.
8. **Nouvel équilibre** : À la fin de l'histoire, un nouvel équilibre doit être établi, qui reflète les changements que le personnage principal a subis et les leçons qu'il a apprises.
9. **Thème** : Truby souligne l'importance du thème dans l'histoire, qui est la vision de la vie et des valeurs du personnage principal qui se révèle au cours de l'histoire.

Ces étapes, entre autres, aident à construire une histoire solide avec des personnages développés et une structure solide, qui maintiendront l'intérêt du lecteur ou du spectateur tout au long de l'histoire.

RONALD B. TOBIAS, DANS SON LIVRE "20 MASTER PLOTS: AND HOW TO BUILD THEM", propose une classification de l'intrigue qui peut aider les écrivains à construire des histoires plus convaincantes. Voici les 20 "plots maîtres" qu'il a identifiés, ainsi que certains de ses enseignements principaux :

1. **Quête** : Le héros part en voyage pour obtenir un trésor ou atteindre un but précieux.
2. **Aventure** : Le héros fait face à une série d'épreuves pour atteindre un objectif.
3. **Poursuite** : Le héros fuit et est poursuivi par un antagoniste.
4. **Résurrection** : Le héros doit surmonter une série d'épreuves pour se remettre d'une grande perte.
5. **Évasion** : Le héros est capturé et doit s'échapper.
6. **En dessous de zéro** : Le héros doit surmonter une situation désespérée.
7. **Ascension** : L'histoire suit l'ascension et la chute d'un personnage.
8. **Métamorphose** : Le personnage principal subit une transformation majeure.
9. **Métamorphose** : Le héros doit s'adapter à une nouvelle vie.

10. **Amour** : L'histoire se concentre sur une relation romantique.
11. **Interdit** : Le héros doit affronter et surmonter un interdit.
12. **Sacrifice** : Le héros fait un sacrifice majeur.
13. **Découverte** : Le héros découvre une vérité majeure.
14. **Wretched Excess** (Excès répugnants) : L'histoire suit une obsession qui détruit la vie du héros.
15. **Ascension** : L'histoire suit un personnage ordinaire qui atteint une grande réussite.
16. **Descension** : L'histoire suit un personnage qui tombe de grâce.
17. **Transformation** : Le héros passe par une transformation majeure.
18. **Maturation** : Le héros grandit et change au cours de l'histoire.
19. **Rébellion contre "Le Un"** : Le héros rebelle contre une force dominante.
20. **Le Mystère** : Le héros doit résoudre un mystère.

Tobias souligne que ces plots peuvent être combinés et modifiés pour créer des histoires complexes et multidimensionnelles. Il fournit également des conseils sur la façon de construire une intrigue, de développer des personnages, et d'engager le lecteur ou le spectateur.

"45 MASTER CHARACTERS: MYTHIC MODELS FOR CREATING ORIGINAL CHARACTERS" DE VICTORIA LYNN SCHMIDT offre une pléthore de modèles pour développer des personnages riches et authentiques. Les personnages sont souvent basés sur des archétypes mythologiques, avec des personnages féminins et masculins distincts. Voici quelques-uns de ses principaux enseignements :

1. **Archétypes de personnages** : Schmidt présente 45 archétypes de personnages principaux, qui sont répartis en héroïnes, héros, et figures matriarcales et patriarcales. Chaque personnage est basé sur un dieu ou une déesse de la mythologie grecque, ce qui donne un contexte mythologique à leur rôle dans l'histoire.

2. **Profils de personnage** : Pour chaque personnage, Schmidt donne une description détaillée, y compris leurs traits de personnalité, leurs motivations, leurs points forts et leurs faiblesses. Cela peut servir de base pour développer des personnages réalistes et tridimensionnels.

3. **Arcs de personnage** : Chaque profil de personnage inclut également un "arc de personnage" typique, montrant comment ce personnage est susceptible de changer et de grandir au fil de l'histoire.

4. **Relations de personnage** : Schmidt examine les dynamiques de relation typiques entre les différents personnages, offrant un aperçu de la façon dont ils peuvent interagir et se confronter.
5. **Personnages féminins et masculins** : Schmidt traite spécifiquement des personnages féminins et masculins, en tenant compte des différences de genre dans les rôles, les attentes et les défis.
6. **Personnages matriarcaux et patriarcaux** : Ces personnages représentent des figures d'autorité qui peuvent aider ou entraver le héros dans son voyage.

En utilisant ces modèles et conseils, les écrivains peuvent créer des personnages plus profonds, plus complexes et plus mémorables, qui toucheront les lecteurs et donneront vie à leurs histoires.

"INTO THE WOODS: A FIVE-ACT JOURNEY INTO STORY" DE JOHN YORKE est un livre fascinant qui offre une réflexion profonde sur la structure narrative et la manière dont nous racontons des histoires. Yorke est un scénariste et producteur de télévision britannique avec une vaste expérience dans l'industrie, et son livre offre des conseils précieux sur l'écriture de scénarios et de drames. Voici quelques-uns des enseignements et des techniques clés que Yorke propose :

1. **Structure en cinq actes** : Yorke argumente en faveur d'une structure en cinq actes pour l'écriture de scénarios, qui est ancrée dans l'histoire du théâtre et du cinéma. Les cinq actes, tels que définis par Yorke, sont l'Incitation, l'Exposition, le Tournant, la Confrontation et la Résolution.

2. **Changement et transformation** : Selon Yorke, le changement et la transformation sont les éléments clés de toute bonne histoire. Il suggère que les personnages doivent être confrontés à des défis et des conflits qui les poussent à changer et à évoluer au fil de l'histoire.

3. **La symétrie** : Yorke note que les bonnes histoires ont souvent une structure symétrique, où les événements de la première moitié de l'histoire se reflètent dans la seconde moitié.

4. **Le désir et la nécessité** : Pour Yorke, chaque personnage doit avoir un désir (ce qu'il veut) et une nécessité (ce dont il a besoin). Le conflit entre le désir et la nécessité est souvent le moteur de l'histoire.
5. **Théorie de la fractale** : Yorke présente l'idée que la structure narrative est fractale - c'est-à-dire que chaque scène est un microcosme de l'ensemble de l'histoire. Ainsi, chaque scène, chaque acte et chaque histoire individuelle reflètent la structure globale de l'histoire.
6. **L'importance du conflit** : Yorke insiste sur l'importance du conflit dans la narration. Il affirme que sans conflit, il n'y a pas d'histoire.

Ces concepts et techniques fournissent des outils précieux pour les scénaristes et les auteurs de fiction. En s'appuyant sur de nombreux exemples de films, de pièces de théâtre et de séries télévisées, Yorke offre une analyse approfondie de la façon dont les histoires sont structurées et de ce qui les rend efficaces.

John Yorke, dans son livre "Into the Woods: A Five-Act Journey Into Story", propose une analyse de la structure en cinq actes qui remonte à la dramaturgie classique, mais qui, selon lui, est également présente dans les films et les émissions de télévision modernes. Selon Yorke, les cinq actes sont structurés comme suit :

1. **Incitation** : Le premier acte sert à poser le cadre de l'histoire. C'est là que sont introduits les personnages principaux, le monde de l'histoire et le conflit initial. Le premier acte se termine généralement par un événement majeur ou un point de basculement qui pousse l'histoire vers l'avant.

2. **Exposition** : Le deuxième acte développe les enjeux de l'histoire et approfondit les relations entre les personnages. C'est souvent là que les personnages commencent à prendre des mesures pour atteindre leurs objectifs.

3. **Tournant** : Le troisième acte est généralement où se produit le "tournant" ou le "point culminant" de l'histoire. Il s'agit souvent d'un événement dramatique ou d'une révélation qui change la trajectoire de l'histoire.

4. **Confrontation** : Dans le quatrième acte, les personnages doivent faire face aux conséquences du tournant. Ils sont souvent confrontés à des défis majeurs et doivent

prendre des décisions cruciales qui définiront l'issue de l'histoire.

5. **Résolution** : Le cinquième et dernier acte est où l'histoire est résolue. C'est là que les enjeux sont finalement résolus, que les personnages atteignent (ou ne parviennent pas à atteindre) leurs objectifs, et que l'histoire atteint sa conclusion.

Yorke soutient que cette structure en cinq actes est non seulement efficace pour raconter des histoires, mais qu'elle est aussi profondément ancrée dans notre façon de comprendre et de traiter les informations. Cette structure, dit-il, reflète une "forme universelle" que l'on trouve dans toutes les cultures et à toutes les époques.

Selon John Yorke, le changement et la transformation sont cruciaux dans le développement d'une histoire captivante. Il suggère que la capacité d'un personnage à changer et à évoluer face à l'adversité est la véritable épine dorsale de la narration. Les étapes de ce processus de changement, telles qu'il les décrit, sont les suivantes :

1. **Ignorance** : Le personnage commence souvent dans un état d'ignorance de son véritable moi ou de sa situation. Cet état d'ignorance peut être inconscient (le personnage ne sait pas ce qu'il ne sait pas) ou délibéré (le personnage évite activement d'affronter une vérité inconfortable).

2. **Négation** : Quand ils sont confrontés à un conflit ou à un défi, les personnages peuvent d'abord nier la nécessité de changer. Ils peuvent résister, fuir, ou tenter de nier le problème. C'est souvent le point où l'antagoniste peut sembler avoir le dessus.

3. **Reconnaissance** : À un moment donné, les personnages doivent reconnaître qu'ils doivent changer pour surmonter le conflit ou le défi. Cette prise de conscience peut être le résultat d'un événement majeur, d'une révélation ou d'un tournant dans l'intrigue.

4. **Essais et erreurs** : Après la reconnaissance vient une période d'essais et d'erreurs, où les personnages essayent différentes approches pour résoudre le conflit. C'est

souvent ici que le personnage peut échouer, apprendre et grandir.

5. **Changement** : Finalement, le personnage parvient à un changement significatif. Il a acquis une nouvelle compréhension de lui-même et de sa situation, et a utilisé cette connaissance pour surmonter son conflit ou son défi.
6. **Nouvel équilibre** : Le changement donne lieu à un nouvel équilibre ou à une nouvelle norme pour le personnage. Ils ont évolué et sont maintenant prêts à affronter de nouveaux défis avec leur nouvelle compréhension.

Il est important de noter que le changement peut être positif ou négatif, et que tous les personnages ne réussissent pas nécessairement à changer de manière significative. Néanmoins, la présence de ce parcours de transformation rend souvent l'histoire plus captivante et résonnante pour le public.

YVES LAVANDIER, ECRIVAIN ET REALISATEUR FRANÇAIS, EST CONNU POUR SON LIVRE "LA DRAMATURGIE", qui est considéré comme une référence dans l'étude de la construction des histoires et de l'art du récit.

Voici quelques-uns des principaux enseignements et techniques développés par Lavandier dans "La Dramaturgie" :

1. **Conflit** : Selon Lavandier, le conflit est l'essence même de la dramaturgie. Il est nécessaire pour créer l'action et maintenir l'intérêt du public. Il affirme que le conflit ne signifie pas nécessairement une guerre ou une bagarre, mais peut être n'importe quel type de lutte ou d'opposition.
2. **Causalité** : Lavandier insiste sur l'importance de la causalité dans l'histoire. Chaque événement doit avoir une cause et un effet, ce qui crée une progression logique et cohérente de l'histoire.
3. **Personnage et Caractérisation** : Pour Lavandier, les personnages doivent être actifs et avoir une volonté claire. Ils doivent également être contradictoires et complexes pour créer une profondeur et un intérêt.
4. **Structure** : Lavandier se penche sur la structure traditionnelle en trois actes et explique comment elle

peut être utilisée pour créer un récit dramatique efficace. Il explore également d'autres structures narratives.

5. **Le principe de la surprise** : Lavandier insiste sur l'importance d'introduire des surprises et des retournements de situation dans l'histoire pour maintenir l'intérêt du public.

6. **Le principe de l'empathie** : Lavandier explique que pour qu'une histoire soit engageante, le public doit être capable d'empathie envers les personnages. Il donne des techniques pour créer de l'empathie.

7. **L'Art du Dialogue** : Lavandier explore l'art du dialogue, en discutant de sa fonction dans l'histoire, et comment il peut être utilisé pour développer des personnages et faire avancer l'intrigue.

8. **Le Concept de Climax** : Lavandier aborde l'importance du climax dans une histoire, expliquant comment il représente le point culminant du conflit et comment il peut être utilisé pour créer une conclusion satisfaisante.

En somme, "La Dramaturgie" de Yves Lavandier est un livre riche qui offre un regard en profondeur sur les mécanismes de l'écriture dramatique.

"BIRD BY BIRD: SOME INSTRUCTIONS ON WRITING AND LIFE" PAR ANNE LAMOTT est un guide de non-fiction qui offre des conseils sur l'écriture et la vie en général. Ce livre, plutôt que de se concentrer sur des techniques spécifiques à la dramaturgie ou à l'écriture de scénarios, donne des conseils généraux sur le processus d'écriture, le défi de la page blanche et les tracas du perfectionnisme.

Voici quelques-uns des principaux enseignements et techniques partagés par Anne Lamott dans "Bird by Bird" :

1. **Commencer Petit** : Le titre "Bird by Bird" vient d'une anecdote dans laquelle le frère de Lamott a été submergé par un rapport sur les oiseaux à écrire pour l'école. Leur père lui a conseillé de le prendre "oiseau par oiseau", ce qui est devenu une métaphore pour aborder une tâche intimidante en la décomposant en parties gérables.
2. **Les Mauvais Brouillons** : Lamott conseille aux écrivains de ne pas s'inquiéter de la perfection dans leur premier jet. Elle soutient que tous les bons écrivains écrivent de mauvais premiers jets et que le but est simplement d'obtenir les idées sur le papier. Vous pouvez toujours les retravailler plus tard.

3. **Écrire ce que vous connaissez** : Elle recommande d'écrire sur des sujets et des expériences familiers, car cela donne une voix authentique à votre écriture.
4. **La voix** : Lamott soutient que chaque écrivain a une voix unique qui mérite d'être entendue. Elle encourage à chercher et à affiner cette voix plutôt que de tenter de l'imiter.
5. **L'usage du temps** : Lamott parle de la manière d'utiliser le temps dans l'écriture, suggérant de jouer avec les flashbacks et les flash-forwards pour ajouter de la profondeur à votre histoire.
6. **Dialogues** : Elle donne des conseils sur l'écriture de dialogues réalistes et expressifs.
7. **Perfectionnisme** : Lamott met en garde contre le piège du perfectionnisme, qui peut paralyser les écrivains. Selon elle, le perfectionnisme vous empêche de prendre des risques et d'évoluer en tant qu'écrivain.

"Bird by Bird" est souvent cité comme un livre inspirant qui peut aider les écrivains à naviguer dans le processus d'écriture et à surmonter les obstacles sur leur chemin.

"DREYER'S ENGLISH: AN UTTERLY CORRECT GUIDE TO CLARITY AND STYLE" EST UN GUIDE ECRIT PAR BENJAMIN DREYER, le correcteur en chef de Random House. Le livre contient de nombreux conseils sur l'utilisation appropriée de la grammaire anglaise, la ponctuation, et le style. Il ne se concentre pas spécifiquement sur la dramaturgie ou l'écriture de scénario, mais sur l'amélioration de l'écriture en général.

Voici quelques-uns des principaux enseignements et techniques que Dreyer partage dans son livre :

1. **La Règle des Numéros** : Dreyer suggère que les nombres de zéro à cent devraient être épelés, tandis que les nombres supérieurs à cent devraient être écrits en chiffres.
2. **Éliminer les Mots Inutiles** : Dreyer encourage les écrivains à supprimer les mots superflus pour rendre leur écriture plus claire et plus directe. Par exemple, il suggère d'éliminer les mots comme "très", "plutôt", "en fait", "juste", etc.
3. **La Règle des Séries** : Dreyer recommande l'utilisation de la virgule d'Oxford (ou virgule série) pour la clarté dans une liste d'éléments.

4. **Éviter les Adverbes Inutiles** : Dreyer met en garde contre l'usage excessif d'adverbes, en particulier ceux qui se terminent en "-ment". Il suggère que de nombreux adverbes peuvent être supprimés sans nuire au sens de la phrase.
5. **Faire Preuve de Cohérence** : Dans votre écriture, il est important de faire preuve de cohérence dans l'usage des majuscules, des italiques, des guillemets, etc.
6. **Le Passif** : Bien que l'usage du passif soit souvent critiqué, Dreyer défend son utilisation lorsque cela est approprié, mais recommande de l'éviter lorsque cela rend la phrase trop compliquée ou confuse.
7. **Relire** : Dreyer insiste sur l'importance de la relecture et suggère même de lire le texte à voix haute pour repérer les phrases maladroites ou les erreurs grammaticales.

"Dreyer's English" est un excellent guide pour les écrivains qui cherchent à affiner leur maîtrise de la langue anglaise et à améliorer la clarté et le style de leur écriture.

"Gramatica de la Fantasia", également connu sous le titre "The Grammar of Fantasy: An Introduction to the Art of Inventing Stories" est un ouvrage rédigé par l'auteur de littérature pour enfants et éducateur italien Gianni Rodari. Le livre est souvent considéré comme une exploration fondamentale de l'imagination narrative et de la création d'histoires. Voici quelques-uns des principaux enseignements et techniques qu'il met en avant :

1. **Technique du "what if?" ("Et si ?")** : Rodari encourage à libérer l'imagination en explorant des idées à travers la question "Et si ?". Cela permet de créer des scénarios alternatifs, fantastiques ou surrealistes, qui servent de base à de nouvelles histoires.

2. **Le Fantastique Binomio (Binomial Fantasy)** : C'est une technique d'écriture où deux mots, souvent sans lien apparent entre eux, sont associés pour stimuler l'imagination et créer de nouvelles histoires.

3. **Réécriture et réinterprétation** : Rodari suggère que la réécriture de contes et d'histoires existantes est un excellent exercice pour l'imaginaire. Il encourage à changer des éléments clés pour créer des versions nouvelles et originales.

4. **Utilisation des erreurs et des malentendus** : Les erreurs et les malentendus, que ce soit dans la langue ou

dans la perception des choses, peuvent être une source riche d'idées de récits.

5. **Le jeu avec le langage** : Rodari insiste sur l'importance du jeu avec les mots et les expressions pour stimuler la créativité. Cela peut inclure l'invention de nouveaux mots, de jeux de mots, de proverbes imaginaires, etc.

6. **Histoires dans l'espace et le temps** : Il suggère d'imaginer des histoires qui se déroulent dans des lieux éloignés ou à des époques différentes pour stimuler la créativité.

7. **Les histoires comme outils d'exploration sociale et émotionnelle** : Les histoires, selon Rodari, sont d'importants outils pour explorer des thèmes sociaux et émotionnels. Elles peuvent être utilisées pour aider les enfants (et les adultes) à comprendre et à naviguer dans le monde qui les entoure.

La philosophie de Rodari concernant la créativité et la narration a eu un impact majeur sur la littérature pour enfants, ainsi que sur l'éducation et la pédagogie.

1. **Technique du "what if?" ("Et si ?")** : Cette technique d'écriture créative est particulièrement efficace pour stimuler l'imagination. Elle consiste à se poser la question "Et si ?" suivie d'une proposition qui défie la réalité telle que nous la connaissons. Par exemple, "Et si les animaux pouvaient parler ?" ou "Et si je pouvais voyager dans le temps ?". La question "Et si ?" permet d'explorer un large éventail de possibilités et d'idées, et de créer des situations et des mondes entièrement nouveaux. C'est un excellent point de départ pour construire des histoires, car il vous force à penser au-delà de la réalité telle que vous la connaissez, et à créer une nouvelle réalité avec ses propres règles.

2. **Le Fantastique Binomio (Binomial Fantasy)** : Cette technique d'écriture créative unique a été conçue par Rodari pour aider à générer des idées pour des histoires. Elle consiste à prendre deux mots qui semblent n'avoir aucun lien l'un avec l'autre et à essayer de construire une histoire qui les relie. Par exemple, si vous prenez les mots "éléphant" et "parapluie", vous pourriez inventer une histoire sur un éléphant qui utilise un énorme parapluie pour se protéger de la pluie dans la jungle. Ou bien, vous pourriez imaginer une histoire sur un parapluie magique en forme d'éléphant. Le Fantastique Binomio invite à la

spontanéité et à l'ouverture d'esprit, et peut conduire à des histoires très originales et créatives.

3. **L'invention de mots et de langues**: Gianni Rodari a encouragé l'exploration et l'invention de nouveaux mots et langages comme moyen d'étendre et d'approfondir la créativité narrative. Cette idée est basée sur le concept que la langue façonne notre compréhension du monde, et donc en inventant de nouvelles façons de parler, nous pouvons inventer de nouvelles façons de voir et d'interpréter le monde. Cette technique peut être utilisée pour créer des mondes fantastiques ou de science-fiction où les personnages ou les sociétés utilisent un langage unique, ajoutant ainsi une dimension supplémentaire à l'histoire.

4. **Le récit comme instrument d'émancipation**: Rodari voyait le récit et la créativité narrative comme des outils d'émancipation, permettant aux individus de prendre le contrôle de leur propre narration et de remettre en question les structures de pouvoir existantes. Il croyait que le fait de donner aux gens les outils pour raconter leurs propres histoires les aidait à mieux comprendre le monde qui les entoure, à envisager des alternatives et à s'exprimer de manière plus authentique et efficace. Il encourageait les enseignants à utiliser le récit et la

narration dans leur enseignement pour aider les élèves à développer une pensée critique et une conscience sociale.

"DRAMATICA - A NEW THEORY OF STORY" DE MELANIE ANNE PHILLIPS ET CHRIS HUNTLEY

est un livre qui propose une nouvelle manière de conceptualiser et de construire les histoires. Voici quelques-uns des principaux enseignements et techniques innovantes qu'il présente :

1. **Structure Quadripartite**: Dramatica propose une structure narrative quadripartite plutôt que la traditionnelle structure en trois actes. Selon Phillips et Huntley, toute histoire peut être divisée en quatre parties, chacune représentant une exploration différente du problème central de l'histoire. Ces quatre parties sont : la mise en place, la complication, la résolution et la conclusion.

2. **Grande Théorie Unifiée de l'Histoire (GTUH)**: Les auteurs avancent que tous les éléments d'une histoire sont interconnectés et doivent être compris dans un contexte plus large. Ils décrivent une série de processus et de systèmes narratifs qui travaillent ensemble pour créer une histoire complète et cohérente.

3. **Théorie des Personnages** : Les auteurs divisent les personnages en quatre catégories : le Protagoniste, l'Antagoniste, le Gardien et le Contagoniste. Ils affirment que ces quatre types de personnages doivent être

présents dans chaque histoire pour assurer une dynamique dramatique équilibrée.

4. **Théorie de l'intrigue** : Phillips et Huntley proposent une nouvelle approche de l'intrigue basée sur la résolution d'un problème central plutôt que sur une succession d'événements. Selon eux, l'intrigue est un processus de résolution de problèmes qui doit être guidé par le thème de l'histoire.

5. **Approche Holistique de l'Histoire** : Les auteurs soutiennent que l'histoire doit être considérée comme un tout, plutôt que comme une série d'événements individuels. Selon eux, tous les aspects de l'histoire, y compris les personnages, l'intrigue, le thème et le genre, sont interconnectés et doivent être cohérents les uns avec les autres pour créer une histoire efficace et engageante.

6. **Théorie des Genres** : Dans "Dramatica", les auteurs proposent également une nouvelle manière de comprendre et de catégoriser les genres. Selon eux, le genre est déterminé par la nature du problème central de l'histoire et la manière dont il est résolu, plutôt que par les conventions traditionnelles de genre.

"Dramatica - A New Theory of Story" propose une **approche révolutionnaire** pour comprendre et catégoriser les genres. Selon les auteurs, Melanie Anne Phillips et Chris Huntley, le genre n'est pas simplement une question de conventions stylistiques ou de tropes de contenu, mais il est plus profondément lié à la structure fondamentale de l'histoire.

En se concentrant sur la nature du problème central de l'histoire et la manière dont il est résolu, ils identifient quatre domaines principaux qui servent à classer les genres :

1. **Situation** : Ce genre concerne les histoires qui tournent autour d'un problème fixe, comme un état ou une situation, à laquelle les personnages doivent faire face. Exemples : drames de prison, histoires de survie.
2. **Activité** : Ce genre couvre les histoires qui tournent autour de la réalisation d'un certain type d'activité ou de processus. Exemples : les heist movies (films de braquage), les films de sport.
3. **Manipulation** : Ce genre concerne les histoires qui se concentrent sur des problèmes psychologiques ou interpersonnels. Exemples : intrigues de manipulation, drames psychologiques.
4. **Résolution fixe** : Ce genre couvre les histoires où le problème concerne une décision ou une attitude qui doit

être prise ou changée. Exemples : récits judiciaires, histoires de transformation personnelle.

Chacun de ces domaines peut ensuite être décomposé en sous-genres, en fonction de différents paramètres tels que le temps (passé, présent, futur), l'espace (intérieur, extérieur), la taille (épique, intime), la méthode (action, comédie, drame), etc.

C'est une approche qui s'éloigne de l'approche conventionnelle des genres basée sur le contenu ou le style, pour mettre en avant la structure et la dynamique de l'histoire. Cela permet une plus grande souplesse et créativité dans le développement de l'histoire, tout en conservant un cadre cohérent pour le développement du récit.

"Dramatica: A New Theory of Story" propose une approche unique de la structure narrative appelée "structure quadripartite". Selon cette théorie, chaque histoire est divisée en quatre "traversées" qui correspondent aux quatre actes de l'histoire.

Chacune de ces traversées est centrée sur une dimension différente du problème central de l'histoire, correspondant à ce que Dramatica appelle les quatre "Types de Traversées" :

1. **Setup (Mise en place)** : Ce type de traversée établit le problème central de l'histoire, les objectifs des personnages, le contexte, etc.
2. **Complication** : Dans ce type de traversée, le problème de l'histoire s'aggrave ou devient plus complexe, augmentant la pression sur les personnages.
3. **Resolution (Résolution)** : Dans ce type de traversée, le problème de l'histoire est abordé directement et une solution est trouvée.
4. **Aftermath (Conséquences)** : Ce type de traversée explore les conséquences de la résolution du problème de l'histoire.

En abordant le problème de l'histoire sous ces quatre angles différents, la structure quadripartite permet de développer une histoire plus riche et plus nuancée. Elle permet également une plus grande flexibilité dans la conception de l'intrigue, puisqu'elle ne prescrit pas un ordre spécifique pour ces traversées.

En outre, selon cette théorie, chaque traversée peut être divisée en quatre autres traversées, créant une structure fractale qui peut être appliquée à tous les niveaux de l'histoire, des arcs de caractères individuels aux sous-intrigues et au récit dans son ensemble. Cette approche permet de créer une structure narrative complexe et interconnectée qui soutient et renforce le thème et le message de l'histoire.

La "Grande Théorie Unifiée de l'Histoire" (ou GTUH) est une théorie narrative qui sous-tend la méthode Dramatica. Cette théorie propose que toutes les histoires sont en réalité des expressions d'un seul "grand argument de l'histoire", qui est exploré de multiples façons à travers différentes histoires et genres.

L'idée est que chaque histoire représente une sorte de "problème mental" que les personnages (et donc le public) doivent résoudre. Ce "problème" peut être interprété de nombreuses façons différentes, ce qui donne naissance à une variété infinie d'histoires. Cependant, selon la GTUH, toutes ces histoires sont en réalité des tentatives de résoudre ce même problème sous-jacent, bien que les détails spécifiques puissent varier.

En ce sens, chaque histoire peut être considérée comme une sorte d'"équation narrative" qui propose une solution à ce problème. Les différentes parties de l'histoire (les personnages, les thèmes, les motifs, etc.) sont les différentes variables de cette équation, et la façon dont elles interagissent entre elles détermine la "solution" que propose l'histoire.

Cette théorie est ce qui donne à la méthode Dramatica sa flexibilité et sa profondeur. Elle permet de créer des histoires qui sont à la fois uniques et universelles, et qui parlent à des vérités fondamentales de l'expérience humaine. Elle offre également un cadre pour analyser et comprendre les histoires d'une manière qui va au-delà de la simple structure de l'intrigue ou du développement du personnage, pour s'intéresser aux thèmes profonds et aux motifs qui unissent toutes les histoires.

Dans "Dramatica: A New Theory of Story", **Phillips et Huntley** offrent une nouvelle perspective sur la caractérisation. Ils suggèrent que toute histoire nécessite quatre types de personnages pour une dynamique dramatique complète. Voici comment ils définissent ces quatre types de personnages :

1. **Protagoniste** : C'est le moteur de l'histoire. Il est le personnage qui pousse à l'obtention de l'objectif principal. Il est généralement le personnage principal, celui avec lequel le public s'identifie le plus. Ce personnage n'est pas nécessairement un "héros" au sens traditionnel ; il peut être profondément imparfait ou même moralement répréhensible. Cependant, c'est le personnage qui a le plus d'influence sur la direction de l'histoire.

2. **Antagoniste** : C'est le personnage qui s'oppose au protagoniste. Il s'oppose à l'objectif principal du protagoniste et crée donc le conflit central de l'histoire. Comme le protagoniste, l'antagoniste n'est pas nécessairement un "méchant". Il peut avoir des motivations tout à fait compréhensibles, voire même sympathiques. Cependant, ses actions créent des problèmes pour le protagoniste et l'empêchent d'atteindre son objectif.

3. **Gardien** : Le gardien est le personnage qui aide le protagoniste. Il peut s'agir d'un mentor, d'un ami de confiance ou d'une autre figure de soutien. Le gardien offre souvent des conseils, de l'aide et des ressources au protagoniste. C'est le personnage qui représente ce qui est bon et juste dans le monde de l'histoire, et qui guide le protagoniste vers le succès.

4. **Contagoniste** : Le contagoniste est un personnage qui sert à détourner ou à compliquer l'intrigue. Il peut travailler avec l'antagoniste, mais il a souvent ses propres objectifs et motivations. Le contagoniste sert à créer des obstacles supplémentaires pour le protagoniste, à détourner l'intrigue de sa trajectoire prévue et à ajouter de la profondeur et de la complexité à l'histoire.

Ces personnages peuvent être conçus en réfléchissant d'abord à leur rôle dans l'intrigue, puis en développant leurs caractéristiques individuelles et leurs arcs de caractère en fonction de ce rôle. Il peut être utile de penser à ces personnages comme à des représentations de différentes forces ou idées en conflit dans votre histoire, plutôt que comme à des individus distincts. Par exemple, le protagoniste peut représenter le changement, tandis que l'antagoniste représente la résistance au changement. Le gardien représente le soutien et l'aide, tandis que le contagoniste représente la distraction et l'obstruction. En pensant à vos personnages de cette façon, vous pouvez créer une dynamique dramatique riche et équilibrée.

Vladimir Propp était un linguiste et folkloriste russe qui a analysé le contenu de nombreux contes folkloriques russes pour en dégager des modèles récurrents. Son œuvre la plus connue, "MORPHOLOGIE DU CONTE" (MORPHOLOGY OF THE FOLKTALE), parue en 1928, propose un certain nombre de concepts et de techniques innovants pour analyser les récits. Voici quelques-uns des principaux enseignements et outils de cette œuvre :

1. **Structures narratives universelles** : Propp a identifié 31 'fonctions' narratives, c'est-à-dire des types d'événements, qui se produisent dans un certain ordre dans de nombreux contes folkloriques. Ces 'fonctions' comprennent des événements tels que "un membre de la famille quitte la maison" ou "le héros est testé, interrogé ou attaqué".

2. **Rôles des personnages** : En plus de ses 'fonctions', Propp a également identifié sept rôles de personnages qui reviennent fréquemment dans les contes, parmi lesquels le héros, le faux héros, le donneur (qui aide le héros), le personnage recherché, etc.

3. **Analyse formaliste** : Propp était un membre éminent de l'école formaliste russe, qui se concentrait sur l'étude des formes littéraires en tant que telles, plutôt que sur leur contenu ou leur contexte. En conséquence, la

"Morphologie du conte" se concentre sur la structure des récits, plutôt que sur les éléments tels que le thème ou le symbolisme.

4. **Applicabilité universelle** : Bien que les recherches de Propp aient été menées sur des contes russes, de nombreux chercheurs ont trouvé que ses 'fonctions' et ses rôles de personnages pouvaient être appliqués à des récits de différentes cultures et de différentes époques. Cela suggère que les structures narratives qu'il a identifiées peuvent être universelles.

La méthode de Propp pour analyser les contes peut être un outil précieux pour les écrivains, car elle fournit une structure pour construire des récits. En identifiant les 'fonctions' narratives et les rôles de personnages qui se produisent fréquemment dans les contes, les écrivains peuvent créer des récits qui sont à la fois familiers et captivants pour le lecteur.

Vladimir Propp, dans sa Morphologie du conte, a identifié 31 "fonctions" narratives - des types d'événements, d'actions ou de situations - qui, bien qu'elles n'apparaissent pas toutes dans chaque conte, suivent toujours le même ordre lorsque présentes. Voici ces 31 "fonctions" :

1. L'un des membres d'une famille s'absente de chez lui.
2. L'interdit est annoncé.
3. L'interdit est transgressé.
4. L'adversaire tente d'obtenir des renseignements sur son futur adversaire.
5. L'adversaire reçoit des renseignements sur son adversaire.
6. L'adversaire tente de tromper sa victime pour la prendre au piège.
7. La victime se laisse tromper et aide ainsi son adversaire.
8. L'adversaire nuit à la famille.
9. On manque à la maison ou on constate le manque.
10. La quête ou la recherche est décidée.
11. Le héros quitte la maison.
12. Le héros est mis à l'épreuve, attaqué, etc., ce qui prépare la réception d'un attribut magique ou d'un auxiliaire.
13. Le héros réagit aux actions de l'avenir donneur.
14. Le héros reçoit un attribut magique.

15. Le héros est transporté, guidé vers le lieu où se trouve l'objet de la quête.
16. Le héros et l'adversaire s'engagent dans un combat direct.
17. La marque du héros est marquée (il est marqué).
18. L'adversaire est vaincu.
19. L'objet initial de la quête est résolu.
20. Le héros retourne.
21. Le héros est poursuivi.
22. Le héros est sauvé de la poursuite.
23. Le héros, non reconnu, arrive chez lui ou ailleurs.
24. Un faux héros se présente.
25. L'épreuve difficile est proposée.
26. La tâche est accomplie.
27. Le héros est reconnu.
28. L'imposteur est démasqué.
29. Le héros est transfiguré.
30. Le faux héros ou l'adversaire est puni.
31. Le héros est marié et monte sur le trône.

Ces fonctions sont une représentation simplifiée des actions qui se produisent dans un conte, et Propp a souligné qu'elles peuvent être combinées, divisées ou omises pour s'adapter à l'histoire spécifique. Cependant, lorsque présentes, elles apparaissent toujours dans l'ordre ci-dessus.

Dans sa Morphologie du conte, Vladimir Propp a identifié sept rôles (ou "sphères d'action") de personnages qui reviennent fréquemment dans les contes. Ces rôles sont définis par leurs actions dans l'histoire, et non par leurs caractéristiques individuelles. Voici ces sept rôles :

1. Le Héros (ou le Protagoniste) : C'est le personnage principal qui entreprend la quête. Il est défini par sa volonté de résoudre un conflit ou d'atteindre un objectif.
2. L'Adversaire : Ce personnage ou force s'oppose au Héros, créant le conflit principal de l'histoire.
3. Le Donneur : Ce personnage fournit un objet magique, un conseil, ou une aide à la quête du Héros.
4. Le (ou les) Auxiliaire(s) : Ce sont les personnages qui aident le Héros tout au long de sa quête. Ils peuvent offrir un soutien pratique, moral, ou émotionnel.
5. La Princesse (et son père) : La Princesse est souvent l'objectif de la quête du Héros. Son père peut être un obstacle supplémentaire ou un allié.
6. Le Mandataire : Ce personnage envoie le Héros en quête ou fait appel à lui pour résoudre un conflit ou atteindre un objectif.
7. Le Faux Héros : Ce personnage semble être un héros ou un allié, mais il est finalement démasqué comme étant

moins honorable ou moins compétent qu'il ne le prétend.

Il est important de noter que ces rôles ne sont pas toujours occupés par des personnages distincts. Un même personnage peut occuper plusieurs rôles dans le récit.

Vladimir Propp a appliqué une approche formaliste à l'étude des contes de fées traditionnels russes. Le formalisme est une méthode d'analyse littéraire qui se concentre sur la forme d'un texte - c'est-à-dire son organisation et sa structure - plutôt que sur son contenu ou son contexte historique et culturel.

Dans son livre, "Morphologie du conte", Propp a analysé une centaine de contes russes et a conclu que, bien que ces histoires soient variées dans leurs détails, elles partagent une structure fondamentale commune.

Selon Propp, tous les contes peuvent être décomposés en une série de 31 fonctions narratives, qui sont des types d'événements qui se produisent dans le récit. Ces fonctions narratives se produisent toujours dans le même ordre dans les contes.

De plus, Propp a identifié sept rôles de personnages qui reviennent fréquemment dans les contes, qu'il appelle des "sphères d'action". Ces rôles sont définis par les actions des personnages dans l'histoire, et non par leurs caractéristiques personnelles.

En ce qui concerne la structure des contes, Propp soutient que la structure fondamentale d'un conte est toujours la même, peu importe le conte. Il y a toujours un état initial, suivi par l'introduction d'un élément perturbateur (une "complication"), suivi par une série de tentatives pour résoudre la complication (les "actions du héros"), et enfin une résolution et un retour à un état de normalité (le "dénouement").

Cette analyse formaliste des contes de fées a eu une grande influence sur les études littéraires et est souvent utilisée comme un outil pour analyser la structure des récits dans d'autres genres et médias.

LINDA SEGER, DANS SON LIVRE "FAIRE D'UN BON SCENARIO UN SCENARIO FORMIDABLE", fournit une variété de conseils et de techniques utiles pour les scénaristes. Elle se concentre sur l'approfondissement et l'éclaircissement des scénarios, tout en les rendant plus dramatiques et puissants. Voici quelques-uns des principaux enseignements du livre :

1. **Structure tripartite améliorée** : Linda Seger est connue pour avoir développé une version améliorée de la structure en trois actes classique. Elle souligne l'importance de la création d'une ligne narrative solide avec des points de virage clairs, un milieu dramatique fort et des transitions fluides entre les actes.
2. **Caractérisation** : Seger insiste sur l'importance de développer des personnages multidimensionnels et complexes. Elle suggère que chaque personnage doit avoir une backstory détaillée, des objectifs clairs et des conflits internes et externes.
3. **Le thème et la thèse** : Pour Seger, le thème est une part essentielle de tout bon scénario. Elle conseille de penser au thème avant même de commencer à écrire, et de le laisser guider le développement de l'histoire.
4. **Subtexte** : Seger souligne l'importance du subtexte dans le dialogue et l'action. Elle soutient qu'un bon scénario

devrait montrer plutôt que raconter, et que beaucoup de l'information doit être transmise par le biais de l'action et du dialogue indirect.

5. **Réécriture** : Seger détaille un processus de réécriture en neuf étapes pour améliorer un scénario. Elle donne des conseils sur la manière de lire un scénario d'un point de vue objectif, d'identifier les faiblesses et de travailler pour les corriger.

6. **Éléments visuels** : Seger encourage les scénaristes à penser visuellement et à utiliser des éléments visuels pour raconter l'histoire. Elle souligne que le cinéma est un medium visuel, et que les images ont un impact émotionnel fort sur le public.

7. **Équilibre entre l'action et la caractérisation** : Seger conseille aux scénaristes de veiller à un équilibre entre l'action et la caractérisation. Un bon scénario doit non seulement avoir un récit solide et intéressant, mais aussi des personnages forts et bien développés.

Ces conseils et techniques aident les scénaristes à transformer un bon scénario en un scénario formidable, en se concentrant sur la structure, la caractérisation, le thème, le subtexte, le processus de réécriture et les éléments visuels.

Dans son livre, "Faire d'un bon scénario un scénario formidable", Linda Seger propose une approche en neuf étapes pour la réécriture. Bien que le détail précis de ces étapes puisse varier en fonction de la source consultée, elles ressemblent généralement à ce qui suit :

1. **Lecture** : Lisez tout le scénario en une seule fois pour avoir une vision globale de l'histoire. Essayez de le faire comme si c'était la première fois que vous le voyiez.

2. **Évaluation générale** : Faites une évaluation générale du scénario. Notez ce qui fonctionne bien et ce qui nécessite des améliorations. Concentrez-vous sur les grandes questions telles que la structure, le thème, les personnages et le ton.

3. **Concentration sur les problèmes majeurs** : Identifiez les problèmes majeurs et concentrez-vous d'abord sur leur résolution. Cela peut impliquer des problèmes de structure, de caractérisation, de thème, de ton, de rythme, etc.

4. **Révision de la structure** : Examinez la structure de votre scénario. Assurez-vous qu'il y a une montée claire de l'action, des points de virage définis, un climax fort et une résolution satisfaisante.

5. **Révision des personnages** : Regardez vos personnages de près. Ils sont bien développés, ont-ils des arcs clairs, sont-ils intéressants et convaincants ?

6. **Examen des dialogues** : Passez en revue les dialogues de votre scénario. Ils sont naturels, convaincants, aident-ils à révéler le caractère des personnages et à faire avancer l'intrigue ?

7. **Examen des scènes individuelles** : Passez en revue chaque scène individuellement. Chaque scène fait-elle avancer l'intrigue, révèle-t-elle le caractère, est-elle nécessaire à l'histoire ?

8. **Polissage** : C'est l'étape du peaufinage. Ici, vous vous concentrez sur les détails, comme la correction des fautes d'orthographe et de grammaire, l'amélioration de la description des actions, et l'assurance que le ton est cohérent tout au long du scénario.

9. **Feedback** : Enfin, obtenez des commentaires sur votre scénario révisé. Il est souvent utile d'avoir une perspective extérieure pour repérer les problèmes que vous avez peut-être manqués. Prenez en compte ces retours et répétez le processus de réécriture si nécessaire.

Il est important de noter que la réécriture est un processus itératif qui peut nécessiter plusieurs tours de ces neuf étapes pour arriver à un scénario final poli et prêt à être présenté.

Linda Seger, dans son ouvrage "Faire d'un bon scénario un scénario formidable", propose une amélioration du modèle de structure tripartite classique. Elle argumente que cette structure, bien qu'efficace, peut être trop simpliste et rigide pour certaines histoires.

Seger soutient que la structure d'un scénario ne devrait pas être confinée à trois actes définis, mais plutôt être vue comme un continuum, avec plusieurs points de virage et sous-objectifs tout au long de l'histoire. Cette approche permet une flexibilité créative plus grande tout en maintenant une structure narrative cohérente.

Par exemple, dans le modèle de structure tripartite traditionnel, l'Acte II est souvent le plus long et peut parfois sembler s'étirer. Seger propose de le diviser en deux parties, chacune avec son propre sous-objectif qui se connecte au but global du protagoniste. Cela peut aider à maintenir l'intérêt et le rythme de l'histoire tout au long de l'Acte II.

Considérons par exemple le film "Star Wars : Episode IV - Un nouvel espoir". Dans une structure tripartite traditionnelle, l'Acte II pourrait être considéré comme commençant lorsque Luke Skywalker décide de rejoindre Obi-Wan Kenobi et se termine lorsque la princesse Leia est secourue. C'est une longue partie du film et beaucoup de choses s'y passent.

Selon l'approche de Seger, on pourrait voir l'Acte II comme divisé en deux parties. La première partie pourrait se terminer lorsque Luke et ses compagnons arrivent sur l'étoile de la mort, un tournant majeur qui introduit un nouveau sous-objectif : sauver la princesse Leia. Cela donne à cette partie de l'histoire un objectif clair qui maintient l'intérêt et le rythme de l'intrigue.

C'est l'un des nombreux exemples de la manière dont Seger propose d'améliorer et de flexibiliser la structure tripartite traditionnelle pour l'adapter aux besoins de chaque histoire unique.

"SCENARIOS MODELES, MODELES DE SCENARIOS" EST UN LIVRE DE FRANCIS VANOYE qui se concentre sur la manière dont les scénarios de films sont structurés et élaborés. Vanoye est professeur émérite en études cinématographiques à l'Université de Paris Ouest Nanterre La Défense et a beaucoup écrit sur le cinéma, le scénario et l'écriture de scénarios.

1. **L'importance du modèle de scénario** : Vanoye souligne l'importance des modèles de scénario pour comprendre comment un scénario est structuré. Il suggère que ces modèles fournissent un cadre pour la narration, l'intrigue et le développement du personnage.

2. **Modèles de scénarios spécifiques** : Vanoye identifie et analyse plusieurs modèles de scénarios couramment utilisés dans le cinéma, comme le modèle de l'inversion dramatique, le modèle du double, le modèle de la quête, et d'autres encore. Il donne des exemples de films qui utilisent ces modèles et explique comment ils fonctionnent.

3. **Analyse de scénario** : Vanoye fournit des outils pour l'analyse de scénario, notamment des techniques pour décomposer et comprendre la structure d'un scénario, ainsi que des stratégies pour interpréter et évaluer un scénario.

4. **Conseils pour l'écriture de scénarios** : Bien que le livre soit principalement axé sur l'analyse de scénarios, Vanoye donne également des conseils pour l'écriture de scénarios. Il propose des stratégies pour l'utilisation efficace des modèles de scénarios et des idées pour développer et affiner un scénario.

5. **Réflexion sur le genre** : Vanoye discute également de l'importance du genre dans le scénario. Il souligne comment les attentes du genre peuvent influencer la structure et le contenu d'un scénario, et comment les scénaristes peuvent jouer avec ces attentes.

En fin de compte, "Scénarios modèles, modèles de scénarios" fournit des outils précieux pour analyser et comprendre les scénarios de films, ainsi que des conseils pour l'écriture de scénarios. Il offre des perspectives uniques sur la manière dont les scénarios sont construits et comment ils peuvent être améliorés.

L'article "Comment découvrir ce que votre personnage craint" de K.M. Weiland explore l'importance de comprendre les peurs d'un personnage pour éclairer ses motivations et les thèmes sous-jacents de l'histoire. Voici les points essentiels de l'article :

1. Les peurs des personnages sont des moteurs profondément primaires qui sous-tendent beaucoup de leurs raisons et motivations dans la vie. Comprendre les peurs de votre personnage peut offrir des perspectives importantes sur votre histoire et ses thèmes sous-jacents.
2. Les peurs d'un personnage peuvent être triées en deux catégories : petites et grandes. Les "petites" peurs sont celles qui n'informent pas l'arc du personnage ou la trame de l'intrigue. Les "grandes" peurs définissent le personnage d'une manière ou d'une autre et jouent un rôle important dans l'arc du personnage.
3. Avoir des peurs ne signifie pas nécessairement que les personnages sont lâches. Les peurs peuvent être sous contrôle dans leur personnalité ou même être considérées comme des peurs saines. Les peurs importantes dans une histoire agissent plus souvent comme des catalyseurs de motivation, poussant les personnages vers un objectif.
4. La peur d'un personnage est souvent liée au mensonge que le personnage croit. Le mensonge est une perspective limitée qui empêche le personnage de réaliser son plein potentiel dans l'histoire. La peur et le mensonge sont souvent étroitement liés.
5. La peur est un sujet complexe. Nos peurs nous motivent de différentes manières et nous réagissons différemment

à la peur. La peur peut également évoluer en fonction de sa proximité avec la peur des autres.

6. Les émotions plus sombres, comme la colère, la rancœur ou la haine, peuvent souvent découler de la peur. Comprendre les motivations émotionnelles profondes d'un personnage peut ouvrir la porte à des caractérisations plus complexes.

7. La peur et la blessure d'un personnage sont généralement intrinsèquement liées. La blessure peut simplement être cette peur profonde qui vit à l'intérieur du personnage. La faiblesse du personnage, qui est un défaut de caractère résultant de sa relation blessée avec la réalité, peut être la peur elle-même ou peut avoir été formée pour éviter la peur.

8. Pour simplifier l'arc du personnage à son élément le plus fondamental, demandez-vous : "Qu'est-ce que mon personnage craint ? Et comment surmonte-t-il cette peur ?" Ajoutez la compréhension que la peur n'équivant pas à la lâcheté ou à la réticence à avancer, mais est plutôt un instinct de survie motivant, et vous avez compris l'essentiel.

"EMOTIONAL STRUCTURE: CREATING THE STORY BENEATH THE PLOT: A GUIDE FOR SCREENWRITERS" est un livre de Peter Dunne qui s'adresse principalement aux scénaristes. Dunne propose une approche basée sur la structure émotionnelle pour créer des histoires qui touchent les spectateurs au niveau émotionnel. Voici quelques-uns des principaux outils, conseils et techniques que Dunne propose dans son livre :

1. **Comprendre la différence entre l'intrigue et l'histoire émotionnelle** : L'intrigue est la séquence d'événements qui se produisent dans une histoire, tandis que l'histoire émotionnelle est le voyage intérieur du personnage principal. Dunne suggère que les scénaristes doivent se concentrer sur le développement de l'histoire émotionnelle autant que sur l'intrigue.

2. **Définir le désir du personnage principal** : Selon Dunne, le désir du personnage principal est ce qui motive son histoire émotionnelle. Les scénaristes doivent identifier ce que le personnage principal veut vraiment et comment ce désir est en conflit avec les obstacles qu'il rencontre.

3. **Créer des personnages tridimensionnels** : Dunne insiste sur l'importance de créer des personnages tridimensionnels qui ont des désirs, des besoins et des

conflits intérieurs. Cela les rend plus réels et plus faciles à comprendre pour le public.

4. **Utiliser les conflits pour développer l'histoire émotionnelle** : Les conflits sont essentiels pour développer l'histoire émotionnelle d'un personnage. Dunne suggère d'utiliser des conflits internes et externes pour créer de la tension et des enjeux émotionnels pour le personnage principal.

5. **Développer un arc de transformation pour le personnage principal** : Dunne explique que le personnage principal doit subir une transformation émotionnelle au cours de l'histoire. Les scénaristes doivent planifier cet arc de transformation dès le début et s'assurer qu'il est cohérent avec le reste de l'histoire.

6. **S'assurer que chaque scène fait progresser l'histoire émotionnelle** : Dunne conseille aux scénaristes de s'assurer que chaque scène fait progresser l'histoire émotionnelle d'une manière significative. Cela peut impliquer d'ajouter de la tension, de résoudre un conflit ou de révéler quelque chose de nouveau sur le personnage principal.

7. **Éviter les clichés émotionnels** : Dunne met en garde contre l'utilisation de clichés émotionnels qui peuvent sembler forcés ou peu authentiques. Les scénaristes

doivent s'efforcer de créer des émotions réelles et crédibles qui touchent le public de manière authentique.

En somme, "Emotional Structure" propose une approche axée sur les émotions pour le développement de l'histoire et des personnages, qui peut aider les scénaristes à créer des scénarios plus profonds et plus engageants émotionnellement.

Le point 1 fait référence à la distinction entre l'intrigue (la séquence d'événements qui se produisent dans une histoire) et l'histoire émotionnelle (le voyage intérieur du personnage principal). Voici une explication plus détaillée et quelques techniques pour distinguer ces deux éléments dans un scénario :

1. Comprendre la différence entre l'intrigue et l'histoire émotionnelle

- **Intrigue (Plot) :** Il s'agit de la structure externe de votre histoire, des événements qui se déroulent du début à la fin. C'est ce qui se passe concrètement dans votre histoire. Par exemple, dans le film "Indiana Jones et les Aventuriers de l'Arche perdue", l'intrigue concerne les efforts d'Indiana Jones pour trouver l'Arche de l'Alliance avant les nazis.

- **Histoire émotionnelle (Emotional Story) :** Il s'agit du parcours émotionnel, psychologique et intérieur de votre personnage principal. C'est ce que ressent votre personnage, ce qu'il apprend et comment il change au fil de l'histoire. Dans l'exemple d'Indiana Jones, l'histoire émotionnelle pourrait concerner son conflit intérieur entre son désir d'aventure et de gloire et son besoin de se connecter aux autres sur un plan plus profond.

Techniques pour distinguer l'intrigue et l'histoire émotionnelle :

- **Identifiez les événements clés de l'intrigue :** Quels sont les principaux événements qui se produisent dans votre histoire ? Qui sont les antagonistes et quels obstacles le personnage principal doit-il surmonter ? Cela vous aidera à définir l'intrigue.
- **Analysez les motivations et les besoins du personnage principal :** Qu'est-ce qui pousse votre personnage principal à agir ? Quels sont ses désirs, ses besoins et ses conflits intérieurs ? Cela vous aidera à comprendre son histoire émotionnelle.
- **Examinez la progression des émotions du personnage principal :** Comment les émotions de votre personnage principal évoluent-elles tout au long de l'histoire ? Quels moments-clés déclenchent des changements émotionnels ? Cela vous aidera à identifier son arc émotionnel.
- **Utilisez des symboles et des métaphores :** Parfois, des éléments symboliques ou métaphoriques dans votre histoire peuvent refléter l'histoire émotionnelle du personnage principal. Identifiez ces éléments et examinez comment ils se rapportent au parcours émotionnel du personnage.

En combinant ces techniques, vous pourrez distinguer plus clairement l'intrigue et l'histoire émotionnelle de votre scénario, et ainsi créer une histoire plus profonde et émotionnellement engageante.

Définir le désir du personnage principal est crucial pour une histoire bien structurée. C'est le moteur qui fait avancer l'intrigue et qui donne au public une raison de s'investir émotionnellement dans le personnage.

2. Définir le désir du personnage principal

Selon Peter Dunne, le désir du personnage principal est ce qui détermine ses actions, et donc ce qui pousse l'intrigue en avant. Le désir peut être quelque chose de tangible (un objet, une personne, un endroit) ou de plus abstrait (l'amour, l'acceptation, la liberté). C'est généralement ce qui crée le conflit dans l'histoire, car le personnage principal doit lutter contre des obstacles pour atteindre ce qu'il désire.

Techniques pour définir le désir du personnage principal :

1. **Réfléchissez aux besoins et aux désirs de votre personnage:** Que manque-t-il à votre personnage principal au début de l'histoire? Qu'est-ce qui le rendrait plus complet ou heureux? Le désir de votre personnage doit être quelque chose qui a du sens pour lui, qui le motive à prendre des mesures audacieuses.
2. **Examinez le monde extérieur du personnage principal:** Qu'est-ce qui se passe dans le monde autour

du personnage principal qui pourrait affecter ses désirs? Y a-t-il des forces extérieures qui poussent le personnage à désirer quelque chose de spécifique?

3. **Envisagez les obstacles qui se dressent entre le personnage et son désir:** Quels sont les principaux défis que le personnage principal devra surmonter pour atteindre ce qu'il désire? Ces obstacles contribuent à créer la tension et le conflit dans l'histoire.

4. **Testez le désir de votre personnage:** Faites des brainstormings avec différentes idées pour le désir de votre personnage principal. Envisagez différents scénarios et voyez lequel crée le plus de tension, de conflit et d'intérêt dans votre histoire.

Exemples :

1. **"Le Seigneur des Anneaux" - Frodo Baggins:** Le désir de Frodo est de détruire l'Anneau Unique pour sauver la Terre du Milieu. Ce désir est clairement établi et le motive tout au long de l'histoire, malgré les nombreux obstacles qui se dressent sur son chemin.

2. **"Harry Potter" - Harry Potter:** Le désir de Harry est de vaincre Voldemort et de protéger ses amis et sa famille. Ce désir se développe au fil de la série de

livres/films, et conduit Harry à prendre des décisions difficiles et à faire des sacrifices.

3. **"Titanic" - Rose DeWitt Bukater:** Le désir de Rose est de vivre une vie authentique et libre des contraintes de la société de classe supérieure dans laquelle elle est née. Sa rencontre avec Jack Dawson lui donne l'opportunité de réaliser ce désir, mais elle doit faire face à des obstacles, notamment la désapprobation de sa famille et le naufrage du Titanic.

En résumé, le désir du personnage principal est un élément fondamental de l'histoire, car il motive les actions du personnage et fait avancer l'intrigue. Utilisez ces techniques pour définir le désir de votre personnage principal et créer une histoire plus captivante et émotionnellement engageante.

Créer des personnages tridimensionnels est essentiel pour créer une histoire captivante et immersive. Selon Peter Dunne, les personnages tridimensionnels sont ceux qui ont de la profondeur, qui sont complexes et qui ressemblent à de vraies personnes.

Créer des personnages tridimensionnels

Les personnages tridimensionnels ont des forces, des faiblesses, des désirs, des peurs, et ils évoluent au fil de l'histoire. Ils ne sont pas simplement des stéréotypes ou des archétypes, mais des personnages bien développés qui ont une résonance émotionnelle avec le public.

Techniques pour créer des personnages tridimensionnels :

1. **Construire une histoire de fond:** Donnez à vos personnages une histoire de fond. D'où viennent-ils ? Quelle est leur histoire familiale ? Quels sont les événements marquants de leur vie ? Cette information peut ne pas apparaître directement dans l'histoire, mais elle vous aidera à comprendre votre personnage et à le rendre plus réel.
2. **Développer des motivations claires:** Qu'est-ce qui motive votre personnage ? Quels sont ses désirs, ses

besoins, ses objectifs ? Comprendre les motivations de votre personnage vous aidera à créer des conflits et des arcs de personnage plus convaincants.

3. **Créer des « contradictions »** : Les personnes réelles sont complexes et contradictoires. Votre personnage peut être courageux dans certaines situations et peureux dans d'autres. Ils peuvent avoir des convictions fortes sur certaines questions et être incertains sur d'autres. Ces contradictions ajoutent de la profondeur à votre personnage et le rendent plus humain.

4. **Faire évoluer le personnage:** Les personnages tridimensionnels évoluent au fil de l'histoire. Ils apprennent, grandissent, changent et s'adaptent en fonction des événements de l'intrigue. Assurez-vous que votre personnage a un arc de développement clair qui le rend plus complexe et intéressant.

Exemples :

1. **"Breaking Bad" - Walter White:** Walter White est un personnage tridimensionnel car il a une histoire de fond convaincante (un professeur de chimie sous-payé avec un cancer en phase terminale), des motivations claires (assurer l'avenir financier de sa famille), des contradictions (il devient un baron de la drogue tout en se considérant comme un homme bon) et il évolue au fil de la série (il devient de plus en plus sombre et impitoyable).

2. **"Orgueil et préjugés" - Elizabeth Bennet:** Elizabeth est un personnage tridimensionnel car elle a une histoire de fond (elle est la deuxième des cinq filles d'une famille de la classe moyenne), des motivations claires (elle veut l'amour et l'indépendance), des contradictions (elle est préjugée contre Darcy tout en étant elle-même victime de préjugés) et elle évolue au fil du roman (elle apprend à voir au-delà de ses préjugés et à reconnaître ses propres défauts).

3. **"Le Parrain" - Michael Corleone:** Michael est un personnage tridimensionnel car il a une histoire de fond (le fils cadet d'une puissante famille mafieuse), des motivations claires (protéger sa famille), des contradictions (il veut rester en dehors du monde

criminel, mais finit par en prendre la tête) et il évolue au fil du film (il devient de plus en plus impitoyable et corrompu).

En résumé, les personnages tridimensionnels sont essentiels pour créer des histoires captivantes et émotionnellement engageantes. Utilisez ces techniques pour donner de la profondeur à vos personnages et les rendre plus réels et complexes.

"LA RIVOLUZIONE SERIALE" EST UN LIVRE ECRIT PAR NICOLA LUSUARDI, dans lequel il examine la transformation du format télévisé et la manière dont les séries télévisées ont évolué au fil des ans. Bien que le livre se concentre principalement sur l'évolution des séries télévisées et leur impact sur la culture, Lusuardi propose également des concepts, des techniques et des méthodes d'écriture pour les scénaristes de séries télévisées. Notez que le livre est écrit en italien, donc ma description est basée sur des informations disponibles en anglais.

Voici quelques concepts et techniques qui peuvent être abordés dans le livre, bien que je ne puisse pas garantir que ces concepts sont exactement ceux que Lusuardi a abordés :

1. **Structure en actes:** Les séries télévisées ont souvent une structure en actes, avec des points de rebondissement majeurs à la fin de chaque acte pour maintenir l'intérêt des téléspectateurs.
2. **Arcs de personnage:** Les séries télévisées offrent l'opportunité de développer des arcs de personnage plus longs et plus complexes que les films. Les scénaristes peuvent explorer les motivations, les désirs et les conflits internes des personnages sur plusieurs saisons.

3. **Fil rouge:** Les séries télévisées utilisent souvent un "fil rouge" pour lier les épisodes entre eux. Il s'agit d'une intrigue ou d'un élément qui se poursuit tout au long de la série et qui peut être résolu à la fin de la saison ou de la série.

4. **Personnages secondaires et sous-intrigues:** Les séries télévisées permettent de développer des personnages secondaires et des sous-intrigues plus riches et plus variées. Ces éléments peuvent ajouter de la profondeur à l'histoire et créer un monde plus riche et plus complexe.

5. **Thèmes récurrents:** Les séries télévisées peuvent explorer des thèmes récurrents qui se manifestent dans différents épisodes ou saisons. Ces thèmes peuvent donner à la série une cohérence et une profondeur thématique.

6. **Pilotage et fin d'épisode:** L'écriture d'un épisode pilote réussi est essentielle pour attirer l'attention des téléspectateurs et des producteurs. De même, la fin d'un épisode est cruciale pour inciter les téléspectateurs à revenir pour le prochain épisode.

7. **Écriture collaborative:** Les séries télévisées sont souvent écrites par une équipe de scénaristes qui travaillent ensemble pour développer l'intrigue, les personnages et les dialogues. Les scénaristes doivent

collaborer et communiquer efficacement pour créer une série cohérente et captivante.

8. **Adaptation de formats étrangers:** Les séries télévisées peuvent être adaptées de formats étrangers, ce qui nécessite une compréhension des différences culturelles et des attentes du public local.

En résumé, "La rivoluzione seriale" explore l'évolution des séries télévisées et propose des concepts, des techniques et des méthodes d'écriture pour les scénaristes de séries télévisées. Les techniques mentionnées ci-dessus ne sont qu'un aperçu des méthodes possibles pour l'écriture de séries télévisées et peuvent ne pas correspondre exactement à celles présentées par Lusuardi dans son livre.

Le storytelling est l'art de raconter des histoires. Il s'applique dans de nombreux domaines, tels que la littérature, le cinéma, le marketing, etc. Bien que chaque domaine ait ses propres règles spécifiques, il existe des principes fondamentaux du storytelling qui sont universellement reconnus. Voici dix grands principes, suivis des grands théoriciens et d'une recommandation d'ouvrage de référence.

1. L'ancrage émotionnel : Toute histoire doit créer une connexion émotionnelle avec le public. Cette connexion motive le public à s'engager dans l'histoire et à se soucier des personnages.

2. Le conflit : Au cœur de chaque histoire se trouve un conflit. Qu'il s'agisse d'une lutte interne ou d'une confrontation externe, le conflit crée une tension qui pousse l'histoire vers l'avant.

3. L'arc du personnage : Les personnages principaux devraient subir une transformation ou un changement au cours de l'histoire, qu'il soit subtil ou profond.

4. La structure en trois actes : Beaucoup d'histoires suivent une structure en trois actes : mise en place (acte I), confrontation (acte II) et résolution (acte III).

5. Le point de non-retour : C'est un moment où le protagoniste prend une décision ou est confronté à une situation qui change la trajectoire de l'histoire et le propulse vers le dénouement.

6. Montrer, ne pas dire : Au lieu d'expliquer explicitement ce qui se passe ou ce que ressent un personnage, il est préférable de le montrer à travers des actions, des dialogues ou des situations.

7. La crédibilité : Même dans les histoires fantastiques ou surréalistes, il est essentiel de maintenir une certaine crédibilité pour que le public puisse s'identifier et croire en l'histoire.

8. Le thème : Il s'agit de l'idée ou du message sous-jacent que l'auteur souhaite transmettre à travers l'histoire. Il peut s'agir de leçons morales, de commentaires sociaux ou d'explorations philosophiques.

9. La concision : Chaque élément de l'histoire, qu'il s'agisse d'un personnage, d'une scène ou d'un dialogue, doit servir un but. Si ce n'est pas le cas, il doit être éliminé ou retravaillé.

10. La fin : La conclusion d'une histoire doit être satisfaisante, même si elle est ouverte ou ambiguë. Elle devrait résoudre les principaux conflits et thèmes de l'histoire.

Grands théoriciens du storytelling :

- **Aristote** : Dans "Poétique", il établit certains des premiers principes du drame et de la tragédie.
- **Joseph Campbell** : Son ouvrage "Le Héros aux mille et un visages" explore le concept du voyage du héros, une structure narrative présente dans de nombreuses cultures.
- **Robert McKee** : Auteur de "Story", un manuel sur l'écriture de scénarios et la structure narrative.
- **Christopher Vogler** : "The Writer's Journey" adapte les idées de Campbell au monde du cinéma et du scénario.

Ouvrage de référence : Il y a plusieurs livres qui sont considérés comme des références en matière de storytelling, mais "Story" de Robert McKee est souvent cité comme l'une des ressources incontournables pour comprendre la structure narrative et l'art de raconter des histoires, en particulier dans le contexte du cinéma.

Ceci étant dit, le "bon" ouvrage de référence dépend en grande partie du contexte et de l'objectif de l'auteur ou du conteur.

RANDY OLSON, DANS "HOUSTON, WE HAVE A NARRATIVE", met l'accent sur la façon dont les scientifiques (et, en réalité, toute personne souhaitant communiquer efficacement) peuvent améliorer leur narration pour rendre leur message plus compréhensible et engageant pour le grand public. Voici quelques concepts, techniques et méthodes d'écriture présentés dans son livre:

1. **La règle du "And, But, Therefore" (ABT)** : Olson soutient que cette structure narrative simple est un outil puissant pour construire des histoires cohérentes. Les trois éléments fonctionnent comme suit :
   - **And** : Établit le contexte ou la base.
   - **But** : Introduit un problème ou un conflit.
   - **Therefore** : Conduit à une résolution ou à une conclusion.
2. **Dodge the Disciplinary Language:** Olson conseille aux scientifiques d'éviter le jargon et de s'efforcer de simplifier leur langage pour le rendre accessible à un public plus large.
3. **L'importance de la narration** : Olson insiste sur le fait que raconter des histoires est la meilleure façon de communiquer des informations, car les êtres humains sont câblés pour comprendre et se souvenir des histoires.

4. **L'arc narratif :** Semblable à la structure ABT, l'arc narratif est un schéma qui guide la structure d'une histoire, avec un début, un milieu et une fin.

5. **L'intuition narrative :** Olson encourage le développement de l'intuition narrative, qui est essentiellement la capacité à "ressentir" quand une histoire est bien structurée ou quand elle manque de cohérence.

6. **La singularité :** Plutôt que de noyer le public avec trop d'informations, Olson recommande de se concentrer sur une idée principale ou un point central pour renforcer le message.

7. **La puissance de l'anecdote :** Les anecdotes personnelles peuvent rendre les informations plus accessibles et aider à établir une connexion émotionnelle avec le public.

8. **Révision et édition :** Olson met l'accent sur la nécessité de réviser et d'affiner constamment la narration pour améliorer sa clarté et son efficacité.

9. **Formation et collaboration :** L'auteur encourage la collaboration et la discussion entre pairs pour aiguiser les compétences narratives.

10. **L'importance de l'humour :** Bien que cela puisse ne pas être approprié dans toutes les situations, Olson suggère que l'humour peut être un outil puissant pour

engager le public et rendre un sujet autrement aride plus intéressant.

Dans l'ensemble, "Houston, We Have a Narrative" vise à montrer comment la puissance de la narration peut être utilisée pour rendre la communication scientifique plus efficace et plus engageante. Randy Olson puise dans sa propre expérience en tant que scientifique converti en cinéaste pour fournir des conseils pratiques sur la façon de raconter de meilleures histoires, en particulier dans des domaines aussi complexes que la science.

BIBLIOGRAPHIE

Liste non exhaustive de certains des livres et manuels d'écriture les plus reconnus pour le cinéma et la télévision. Ces ressources couvrent un large éventail de sujets, de la structure de l'intrigue aux dialogues, en passant par le développement des personnages.

1. **"Story: Substance, Structure, Style and the Principles of Screenwriting" de Robert McKee** : Un incontournable pour tout scénariste, McKee offre une analyse approfondie de la façon dont les histoires fonctionnent et comment les rendre efficaces.
2. **"Save The Cat! The Last Book on Screenwriting You'll Ever Need" de Blake Snyder** : C'est un guide pratique avec une approche simple pour la structure de l'histoire et le développement des personnages.
3. **"Screenplay: The Foundations of Screenwriting" de Syd Field** : Considéré comme le "gourou du scénario", Field fournit un guide pour la structure en trois actes qui est maintenant la norme de l'industrie.
4. **"Writing for Television, Radio, and New Media" de Robert L. Hilliard** : Ce livre offre une vision complète de l'écriture pour divers formats médiatiques, y compris la télévision et la radio.

5. **"The Writer's Journey: Mythic Structure for Writers" de Christopher Vogler :** Inspiré par le travail de Joseph Campbell sur le mythe et le "héros aux mille visages", Vogler adapte ces concepts au monde du scénario.

6. **"The TV Writer's Workbook: A Creative Approach To Television Scripts" d'Ellen Sandler :** Un guide pratique pour l'écriture de scripts de télévision, avec une attention particulière portée aux séries télévisées.

7. **"Writing the TV Drama Series: How to Succeed as a Professional Writer in TV" de Pamela Douglas :** Un guide pratique pour l'écriture de drames télévisés, avec des conseils sur tout, de la conception de l'histoire à la rédaction des scripts.

8. **"Into the Woods: A Five-Act Journey Into Story" de John Yorke :** Ce livre explore pourquoi nous racontons des histoires et comment nous les structurons, avec une attention particulière portée à la forme en cinq actes.

9. **"On Writing: A Memoir Of The Craft" de Stephen King :** Bien que ce livre ne soit pas exclusivement consacré à l'écriture de scénarios, les conseils de King sur l'écriture et la créativité sont universellement applicables.

10. **"Adventures in the Screen Trade" de William Goldman :** Un regard fascinant sur le monde du cinéma

de la part d'un des scénaristes les plus respectés de l'industrie.

11. **"Crafty TV Writing: Thinking Inside the Box" d'Alex Epstein :** Un guide pratique pour l'écriture de télévision, couvrant à la fois les aspects créatifs et les aspects pratiques de la profession.

12. **"Creating Character Arcs: The Masterful Author's Guide to Uniting Story Structure, Plot, and Character Development" de K.M. Weiland :** Un livre précieux pour comprendre et créer des arcs de personnages efficaces.

---

www.ingramcontent.com/pod-product-compliance
Lightning Source LLC
Chambersburg PA
CBHW071056240526
45471CB00016B/1940